LA INDISCRETA

10 años de *Ventaneando*

PATI CHAPOY

LA INDISCRETA

Grijalbo

La indiscreta
10 años de Ventaneando

Primera edición, 2006

© 2006, Patricia Chapoy
© Fotografía de portada: Ramón Nava

D.R. 2006, Random House Mondadori, S.A. de C.V.
          Av. Homero No. 544, Col. Chapultepec Morales,
          Del. Miguel Hidalgo, C.P. 11570, México, D.F.

www.randomhousemondadori.com.mx

Comentarios sobre la edición y contenido de este libro a:
literaria@randomhousemondadori.com.mx

ISBN-13: 978-970-780-072-4
ISBN-10: 970-780-072-0

Impreso en México / *Printed in Mexico*

Los diez años de «Ventaneando» son gracias a la confianza que nos han brindado los directivos de TV Azteca, en especial Ricardo Salinas Pliego, a quien aprecio y admiro por haberse convertido en un hombre visionario de la televisión mexicana

A la entrega y pasión de todos los que conforman el equipo de «Ventaneando»

Pero sobre todo al público que día a día enciende su televisión

A todos ustedes, ¡muchas gracias!

Su amiga, PATI CHAPOY

PRÓLOGO

La importancia de llamarse Pati Chapoy

Por ÁLVARO CUEVA

Pati Chapoy es una de las mujeres más importantes en la historia de la televisión mexicana. ¿Por qué? Porque objetivamente ninguna otra persona del sexo femenino le ha aportado más a la industria televisiva nacional que ella.

Pati cambió la manera de ver y hacer periodismo televisivo rosa y de espectáculos no sólo en México sino en todo el continente americano; sacó de sus casillas al emporio mediático más poderoso de habla hispana y colocó en el mapa del entretenimiento a una televisora diferente, más allá de Televisa.

Además, puso a debate en las más altas esferas de la nación el tema de la libertad de expresión, movió a las más poderosas autoridades de México para que reflexionaran sobre el tema de los derechos autorales e innovó en lo referente a la investigación y crítica artística.

Por si fuera poco, una larga lista de comunicadores le deben éxito y fama y de su mente creadora y visionaria ha salido un gran número de programas de radio y televisión.

Hoy en día, ninguna otra mujer en toda la industria de la comunicación mexicana produce tantos títulos por semana, y ninguna como ella sigue otorgando tantas oportunidades de desarrollo profesional a hombres y mujeres de tan diversas generaciones.

Pati no es sólo la directora del Estudio de Espectáculos de TV Azteca: es un símbolo de rebeldía, entereza, profesionalismo y amor porque, aunque en temas de periodismo rosa y de espectáculos de lo que menos se habla es de amor, el ingrediente más importante de la crítica, de la verdadera crítica, es justamente el amor.

Porque para criticar bien hay que criticar lo que se ama. Uno quiere lo mejor para lo que ama y la crítica es la manera más efectiva de propiciar que las cosas mejoren, que crezcan. Pati ama al espectáculo y el espectáculo mexicano es, gracias a ella, otro, mejor.

Las telenovelas se cuidan cuando saben que pasaran revista ante sus ojos, las presentaciones personales adquieren una dimensión más intensa y las luminarias se pulen cuando saben que serán entrevistadas por Pati.

Para millones de espectadores que encienden cándidamente su televisor todos los días, tal vez esto no signifique gran cosa, pero es mucho, muchísimo.

En México ser mujer es un problema. A pesar de que se diga lo que se diga, las mujeres aún son vistas como objetos decorativos y raras veces se les toma en cuenta. Aunque duela, aunque haya excepciones y aunque todos quisiéramos que fuera diferente, aquí las mujeres ganan menos, salen menos y valen menos.

Y si ser mujer en México es un problema, ser mujer y triunfar en la televisión mexicana es todavía peor. La televisión nacional está en manos de los hombres. A las mujeres se les dificulta llegar a puestos relevantes y cuando lo logran, lejos de ser admiradas son objeto de los peores ataques y de las más groseras sospechas.

Pese a ello, Pati consiguió escalar peldaños, se coló a las posiciones más altas, ejerció su voz de mando y jamás consiguió nada que no fuera gracias a su talento y trabajo.

Paradójicamente nunca ha dejado de comportarse como mujer: es, ante todo, madre de familia, esposa, compañera y amiga. Ser todo esto y triunfar en la televisión mexicana es algo insólito, de verdad admirable.

Por eso digo que en la historia del espectáculo hay un antes y un después de Pati. Antes de ella, casi todo lo que se hacía era condescendiente y promocional. Las estrellas no aparecían en televisión para ser entrevistadas, sino para ser felicitadas.

Tampoco existía un espacio exclusivo para el periodismo de espectáculos, mucho menos un seguimiento televisivo sistemático y profesional de esta fuente.

Pati lanzó *El mundo del espectáculo* y las cosas evolucionaron. Las celebridades ya no sólo iban a la televisión para recibir elogios, iban a ser entrevistadas tal y como lo mandan las reglas del periodismo profesional e incluso iban a recibir críticas, a veces positivas, a veces negativas.

Con *El mundo del espectáculo* la fuente de entretenimiento adquirió notoriedad, un espacio propio y recibió un trato similar al de otras materias. El espectáculo se volvió noticia en la televisión, obtuvo seguimiento, atención. Casualmente, a los pocos días de que Pati Chapoy estrenó *El mundo del espectáculo,* la televisión de Estados Unidos sacó *Entertainment tonight,* un proyecto impresionantemente similar.

Y ése fue sólo el principio; las transformaciones más radicales provocadas por Pati llegaron años después con *Ventaneando.*

Antes de *Ventaneando* no había programas de televisión en los que se criticara abiertamente a los programas de la televisión o a sus protagonistas; tampoco una dinámica de conductores que propiciara el intercambio de comentarios críticos y de color en la pantalla rosa.

No había humor, no había ironía, no había acidez. La televisión sobre la farándula era una cosa tan plana que hoy apenas puede creerse que hubiera sido así.

Antes de *Ventaneando* era inimaginable que un programa pudiera analizar los éxitos y fracasos de otra empresa a través del recurso legal de la crestomatía. Era como si las televisoras hubieran querido negar la existencia de su competencia, como si estuviera prohibido mencionar otros títulos, otros nombres. Era absurdo.

Antes de *Ventaneando* no se decían indiscreciones en la pantalla chica, no se ventilaban los secretos de los famosos, no se hacía esa peculiar mezcla de periodismo de espectáculos con periodismo rosa. Era demasiado atrevimiento, demasiado rudo, demasiado revolucionario. Era demasiado.

Ni hablar de lo que sucedía en términos de opinión pública. Había entidades intocables, gente de la que no se podía decir nada o de la que sólo se podían decir cosas bonitas.

Pero con *Ventaneando* estalló un auge de programas similares no sólo en México sino desde Argentina hasta Miami. Si la gente que ha participado en proyectos derivados de *Ventaneando* le pagara regalías, hoy Pati sería una de las mujeres más ricas del continente americano.

La dinámica de los conductores de *Ventaneando* se ha copiado no sólo en la fuente de espectáculos sino en otras tan formales como las de economía, política y cultura. Después de *Ventaneando*, el humor, la ironía y la acidez se han vuelto cosa de todos los días en todos los programas en todos los canales y en todos los géneros. Ya nadie se asusta si en un canal se critican las producciones o los repartos de otro. Hacer esto es algo cotidiano, estratégico.

Contar indiscreciones de los famosos se ha convertido en un deporte nacional y se hace lo mismo con las estrellas rosas y de espectáculos que con futbolistas, políticos y empresarios.

La barrera entre el periodismo de espectáculos y el periodismo rosa ha dejado de existir y un montón de comunicadores navegan de un extremo al otro sin siquiera ponerse a pensar que eso es algo que antes no se daba, que pertenecía a géneros diferentes, a especialidades diferentes.

Después de *Ventaneando*, y gracias a él, muchas personas maduras pudieron entrar o regresar a la pantalla. Ingresaron las gordas, los calvos, las operadas, los afeminados. Se abrió el abanico de posibilidades y no sólo eso: dejaron de existir los intocables. *Ventaneando* contribuyó enormemente a la democratización de México demostrando que cualquier persona de cualquier fuente podía ser susceptible a recibir críticas, a ser cuestionada.

Ventaneando por sí solo es material para varios libros: un título fundamental para entender la transición mexicana del siglo XX al XXI, y esa emisión no hubiera existido si no fuera por Pati Chapoy.

¿Qué le quiero decir cuando le comento que Pati sacó de sus casillas al emporio mediático más poderoso de habla hispana? A algo más que la anécdota de cuando Televisa demandó a Pati.

Ella sola, mujer, periodista de espectáculos, periodista rosa, demostró que los programas y las estrellas de Televisa no eran tan perfectas como se suponía que eran a finales de la década de los noventa.

Televisa, que no estaba acostumbrada ni a competir ni a recibir ataques, reaccionó con una ira descomunal. Esa furia, lejos de perjudicar a Pati, le dio una proyección simbólica sin precedentes en la televisión mexicana, la convirtió en la gran justiciera de un país desesperadamente urgido de justicia.

Esto es algo que se tiene que decir porque consciente o inconscientemente fue un ensayo de lo que el país vivió años después en términos políticos y sociales.

Pati puso a temblar a una de las corporaciones más grandes de la comunicación en todo el mundo y ese temblor estimuló otros temblores; fue un aliciente, un estímulo, una demostración de que las cosas sí podían y pueden cambiar.

Ese movimiento abrió las posibilidades de desarrollo profesional de la gente de la televisión como nunca se había hecho en territorio mexicano, de estrellas olvidadas que volvieron a brillar, de algo nuevo, poderoso y libre: de la posibilidad de elegir.

Antes de que Pati Chapoy hiciera todo lo que hizo a través de sus programas y de sus puestos ejecutivos en TV Azteca, no había opciones. La televisión mexicana era una especie de dictadura. Había miedos, premios, castigos, torturas, sumisión.

Ella tendió un puente que valdría la pena revisar con cuidado porque sus alcances no han sido valorados a plenitud, porque ese puente no sólo construyó una nueva televisión, sino que construyó nuevos hogares, nuevos matrimonios, nuevas familias.

Si en lugar de México estuviéramos en alguna nación interesada por estimular a sus habitantes con historias de éxito y superación personal como Estados Unidos, ya se hubiera hecho una película con la vida de Pati Chapoy, y varias de sus secuencias más memorables tendrían que ver con estos temas: la libertad de expresión y los derechos autorales.

Muchas personas creen que la gente que se dedica al periodismo rosa o al periodismo de espectáculos viven en la gloria, que su vida es fácil y que en este oficio nadie corre ningún riesgo.

Los periodismos rosa y de espectáculos pueden llegar a ser tan peligrosos como el periodismo político porque se meten con dos de las fuerzas más grandes de cualquier país: la intimidad y los medios de comunicación.

Criticar a un político o a una secretaría de Estado implica un alto riesgo, pero criticar a un comunicador o a una televisora implica un riesgo similar o superior.

Son demasiados hilos los que se mueven, son demasiados intereses, demasiados egos. Pati Chapoy movió y mueve esos hilos, esos intereses, esos egos, y ha logrado que las más caras instancias volteen a ver que en la prensa rosa y de espectáculos también debe lucharse por la libertad de expresión.

El pretexto para frenar al periodismo rosa y al periodismo de espectáculos es el derecho de autor. Se les quiere poner un freno acusándolos de invadir la intimidad de las fuentes; se intenta limitarlos alegando que violan los derechos autorales de quienes hacen los espectáculos.

Esos debates pueden ser eternos y desde que Pati Chapoy los puso en la mesa no han dejado de aparecer periódicamente en diarios, revistas, programas de radio y de televisión.

Muchas personas han encontrado un placer morboso en discutir hasta dónde se debe meter un periodista en la vida de qué persona o hasta dónde puede citar un crítico un fragmento de la obra de una fuente. No se dan cuenta de que en realidad discutir eso es un distractor, una manera muy elegante de disfrazar la censura, de jugar a la doble moral.

Aquí lo que importa es señalar que ninguno de esos debates se habría llevado a cabo si no fuera por Pati, como tampoco estarían pasando las promociones telefónicas de a costo por llamada en la televisión, los seriales largos sobre temas de espectáculos, las costosas investigaciones periodísticas internacionales sobre celebridades de la farándula y otras tantas aportaciones que ella ha hecho a la televisión nacional antes que nadie.

Por algo, más de una vez, uno o varios canales han querido opacarla estrenando carísimos programas de espectáculos, escandalosas emisiones del corazón, moviendo telenovelas o poniéndole enfrente grandes títulos. Pero el tiempo pasa y Pati siempre se impone: impone su materia, impone su estilo, innova, impulsa a su gente y su profundo amor por el espectáculo avasalla.

Por algo, más de una vez, uno o varios comunicadores que compiten directamente contra ella, celosos, resentidos, han tratado de atacarla, de pintarla como una chismosa más de la televisión, de destruirla, pero no han podido.

Pati no tiene cola que le pisen. Ella, simple y sencillamente hace su trabajo; trabaja bien, trabaja siempre y su trabajo es trascendental, va más allá de las apariencias, y a las pruebas me remito.

En la historia de la televisión mexicana ha habido muchas mujeres, algunas más brillantes que otras, pero ninguna ha hecho tantas cosas tan fundamentales por la gran pantalla chica como Pati. Ninguna. Mucho menos partiendo de dos fuentes tan polémicas como la del periodismo rosa y la de espectáculos.

Por eso, para mí, es una de las mujeres más importantes en la historia de la televisión mexicana, quizás la más admirable, un ejemplo a seguir. ¿A poco no?

Introducción

El placer de vivir y comunicar

Por Pati Chapoy

Treinta años en el periodismo

Una buena familia

Vivimos en un país en el que nos resistimos a aceptar y a apoyar a una mujer que se prepara y es productiva. Como mujeres, asumir el papel de exitosas a veces también nos resulta difícil, porque en México, en la mayoría de los casos, nos educan para servir, no para triunfar.

Yo provengo de una muy tradicional familia mexicana, es el ejemplo que tuve y que quise seguir al formar mi propia familia; la quería unida, con todos sentados a la misma mesa cada día a las tres de la tarde. Cuando nació mi primer hijo, decidí que en adelante mi vida sería atender a mi marido, a mi hijo y los que vinieran. Pero la realidad es que ese tipo de decisiones no están en nuestras manos; la vida toma rumbos de los que nosotros nunca tendremos el control, y hoy mi historia habla por mí. Con todo y eso, mi marido y yo hemos encontrado diferentes fórmulas para no soltarnos la mano. Para mí ni todo el éxito, ni toda la fama, ni todo el dinero lo pondrían nunca en un segundo plano, y él lo sabe. Aun así, muchas veces no ha sido fácil, ni para él ni para mí, ni para nuestros hijos, pero ésa ha sido una de las más importantes decisiones de mi vida: mantener a mi familia unida, porque ellos, Álvaro, Rodrigo y Pablo, son mi motor, mi razón, mi parte más vulnerable.

Y quizás a partir de ahí nace la garra de la Chapoy, ahí aprendí a caminar por encima del agua cada vez que fuera necesario: partiendo del amor y transitando siempre por el respeto y por el perdón, muchas veces doloroso. No soy Santa Patricia. Mi profesión, desde el principio y la mayor parte del tiempo, ha sido muy divertida. Si algo conservo intactas desde mi niñez son la curiosidad y la capacidad de sorprenderme, y en mi trabajo desde hace treinta y cinco años me sorprendo todos los días. He conocido lugares maravillosos, personajes entrañables, casas increíbles y un mundo excéntrico del que me río mucho, porque a pesar de que algunas veces pareciera que me integro, en realidad nunca he pertenecido a él. La verdad es que casi por accidente me tocó también a mí tener los reflectores de frente, pero yo sigo estando y sintiéndome como la que debe estar detrás del micrófono, la que pregunta y no la que responde.

Muchísimas veces me han preguntado qué se siente ser Pati Chapoy, y yo respondo que, ante todo, no me lo tomo tan en serio, porque si así fuera muchas veces no hubiera podido con el paquetito. Aun cuando entiendo el fenómeno de penetración que tiene la televisión, y que el cariño o el desprecio, la curiosidad y las preguntas de la gente en la calle son parte de la chamba que elegí y con lo que tengo que convivir en santa paz todos los días, confieso que hay veces que quisiera salir de compras y que nadie me reconociera, es decir, que por un día fuera, para todo el mundo, la misma Pati que soy para mí, aunque fuera por un día...

Ahora que, como dije, tampoco soy Santa Patricia, para nada; el camino hasta ahora recorrido no ha estado marcado por el sacrificio; no me gusta el término. Para mí es un placer y un privilegio poder hacer lo que hago; si no fuera así, seguramente haría algo distinto. Por supuesto que me canso. Pero con el tiempo he aprendido a ponerme límites a mí misma. Antes me tomaba unas vitaminas para mitigar el cansancio y seguía adelante, pero ahora sé detenerme sin culpas, y si necesito cambiar de aires para nutrirme de energía cuando siento que me está llegando el agua a los aparejos, simplemente me desaparezco. No aviso. Lejos de la oficina, mando un correo electrónico a los jefes diciéndoles que por uno, dos o tres días no estaré disponible. Tomar esta decisión tampoco es sencillo; cometo el error de creerme indispensable, de creer que, si no estoy en la oficina, las situaciones no se van a resolver. Pero no es así. Una de las mejores cosas que he aprendido en la vida es confiar en las personas que trabajan para mí, delegar responsabilidades y dejarles el camino abierto. Porque ése también es un examen para saber si yo he estado haciendo mi trabajo bien. Así que, a diario, me repito que puedo tener la capacidad de hacer las cosas de manera diferente, nada más, pero que no soy ni más ni menos que nadie.

México, magia y destino

Estudié periodismo en la Escuela Carlos Septién García, el *alma mater* que me abrió las puertas a un mundo verdaderamente fascinante; pero cuando se abandonan las aulas para iniciar el camino profesional, la idea que uno tiene sobre cómo ejercer su profesión casi siempre es errónea.

Joven, impulsiva y hasta soñadora, entonces no sabía que el periodismo, además de ser un mero oficio o vocación, una forma de ganarse la vida, puede convertirse en un extraordinario vehículo para brindar a la gente no sólo información sino diversión y compañía. Lo fui aprendiendo casi sin darme cuenta a mi paso por los diferentes lugares en los que me ha tocado trabajar y gracias a las múltiples tareas que he desempeñado: en este oficio lo mejor es comenzar —aunque suene redundante— desde el principio. A mí me sirvió todo: desde ser mensajera en un despacho de economistas cuando era adolescente, hasta reportera de a pie en diversas publicaciones, porque en el constante ir y venir encontré mi camino.

En una de tantas entrevistas me topé con Raúl Velasco, quien me invitó a colaborar en su programa *México, magia y encuentro*. Ni él ni yo imaginamos entonces cuánto cambiaría mi vida a raíz de esta invitación, pero desde entonces vivo agradecida con él porque como jefe y como amigo resultó ser mi gran piedra de toque. ¿Cómo negar el tremendo aprendizaje que significaron para mí *México, magia y encuentro, Siempre en domingo, Bella época, Estrellas de los ochentas, Galardón a los grandes* y por supuesto *El mundo del espectáculo*, producido por Humberto Navarro, que —en su versión aumentada y corregida, con otro título y mucho más mérito— fue mi carta de presentación en la pantalla de la naciente TV Azteca? Pero bajo el mando de Raúl no sólo aprendí cuestiones fundamentales para el desempeño de mi trabajo en televisión; Raúl resultó ser además un excelente guía y motivador personal, siempre alentándome, como a muchos de su equipo, a crecer interiormente. Echaba mano de recursos que él ya había experimentado y que constantemente nos compartía. Gracias a su consejo me inicié en el psicoanálisis y el estudio de la filosofía budista, que hasta hoy practico. Mis lazos con Raúl y su familia son ahora indisolubles y no concibo mi historia personal e incluso la de mi familia sin lo mucho que me aportó profesional y humanamente.

TV Azteca: una nueva familia

Trabajé veinte años en Televisa. Cuando —obligada por las circunstancias— la dejé, pensé que mi paso por la televisión había terminado. Junto con mi hermana Lily, planeaba montar un negocio que me diera para vivir tranquila, lejos de las cámaras, el estrés, el ego de los famosos y de los que no lo eran… Pero, insisto, la vida no siempre es lo que queremos sino lo que ni siquiera imaginamos. Justo cuando me disponía a debutar como empresaria, el nombre de Ricardo Salinas Pliego se plantó en mi camino. Y ante el ofrecimiento de trabajar en TV Azteca, no lo pensé dos veces: abandoné la empresa que iniciaba, quemé las naves del pasado y me subí a un nuevo barco en el que desde entonces he navegado orgullosa, a veces a toda vela y con el viento a favor; y otras, lidiando con tempestades que amenazan con desviar mi rumbo, incluso hacia la cárcel. ¿Y saben por qué? Sólo por ejercer mi profesión amada.

Llegué a TV Azteca un 5 de agosto, de hace ya trece años, como asesora de Ricardo Salinas Pliego, quien acababa de tomar el enorme reto de comprar Imevisión, lo que era la televisión estatal de México, que operaba como una secretaría de Estado más, es decir burocráticamente. Y Ricardo se había lanzado a la aventura de convertirla en una nueva opción de la televisión privada y abierta en el país. Por mi parte, durante más de veinte años yo estaba tan vista en Televisa como el logo de ésta, y debo confesar que cuando pisé por vez primera las instalaciones de la recién nacida Televisión Azteca mi impacto fue brutal. El reto era mucho más grande del que me hubiera imaginado.

Mi primera misión fue revisar las nóminas. En aquel entonces, la periodista María Victoria Llamas conducía un buen *talk show,* pero muy mal producido. Recuerdo su comentario: «Vas encontrar en mi nómina a veinticinco personas que cobran y no hacen nada, sólo trabajamos siete». Era sólo el principio. La totalidad de las nóminas estaban en las mismas condiciones: repletas de aviadores a la vieja usanza burocrática del gobierno. ¿O debería decir «tradicional»?

A mi paso por los pasillos de la empresa muchas personas se paralizaban, cesaban de aporrear las máquinas de escribir y colgaban el teléfono; pero sentía cómo crecían los murmullos en cuanto me alejaba. La nueva administración anunciaba lo que nadie quería: cambiar. Los trabajadores nos veían con desconfianza: muchos huyeron, otros aguantaron vara y algunos me recibieron echándome camorra, como José Ramón Fernández, a quien trastornaba la sola idea de que alguien salido de Televisa llegara a poner orden y mucho menos que fuera mujer. Todavía recuerdo su gesto hostil y sus mordaces y agrios comentarios; pero, gracias a que su agresión me entró por una oreja y me salió por la otra, le caí bien y ahora nos respetamos mucho y tenemos una buena amistad.

Recibimos una empresa repleta de malas mañas dentro de unas instalaciones muy deterioradas: las oficinas no contaban con drenaje, lo que ocasionaba, por ejemplo, que el espacio físico destinado a Noticias, ubicado en el sótano, se inundara con frecuencia; el máster funcionaba de milagro. Por supuesto, la caja fuerte estaba llena de polvo y sin un centavo.

Era un momento de retos. A lo largo de veinticuatro años de labores, por Imevisión habían pasado veinticinco directores. En principio, se implementaron técnicas innovadoras para enderezar el rumbo, se adelgazó la empresa y nos volvimos multifuncionales: frases como «no sé» o «eso a mí no se me da» se despidieron de nuestro vocabulario, brindándonos las herramientas necesarias para aprender. Los asesores financieros sudaron la gota gorda durante un año para pagar la nómina, pero nunca nos fallaron a los trabajadores.

Trazado el rumbo, empezamos a producir y me tocó atender a los dos grandes íconos de Imevisión: Andrés Bustamante el «Güiri-Güiri» y Víctor Trujillo, quien pronto se adaptó a las nuevas reglas de TV Azteca. Con Carolina Padilla como productora (su esposa, q.e.p.d.), Víctor debutó al aire, ya sin Ausencio Cruz, con sus personajes en los programas *El que se ríe se lleva, Humorcito corazón* y *El diario de la noche,* donde Brozo, el Payaso Tenebroso (ahora en Televisa), era el personaje que robaba cámara.

TV Azteca se mide por puntos de *rating.* Víctor lo entendió pero no Andrés, quien había entregado los primeros doce programas de una serie sustentada en sus conocidísimos personajes que no resultaron un buen negocio y, al cuarto programa, éste fue suspendido; la noticia no fue recibida de buen agrado aun cuando le pagamos lo acordado. Hoy en día, sin embargo, el éxito sin precedente que resulta su participación tanto en Olimpiadas como en Mundiales es indiscutible.

Durante estos trece años hemos gozado los éxitos y aprendido de los errores, como aquel en el que, por inexperiencia, perdimos a Javier Solórzano y a Carmen Aristegui. Sin embargo, la televisora ha sido una importante fuente de empleo y semillero de talento para el país, sustentado en la capacidad de entrega, la pasión, la creatividad y la confianza, valores en los que cree fervientemente Ricardo Salinas, depositando su fe en cada uno de los que colaboramos en Azteca.

En medio de… la batalla

Durante dos décadas de trabajo en Televisa conocí a muchas grandes personalidades del espectáculo hispanoamericano, pero también a quienes movían los hilos de la industria. Con muchos creí haber entablado una gran amistad, aunque mi ingreso a TV Azteca me demostró lo equivocada que estaba.

Además de mi labor ejecutiva, Ricardo Salinas Pliego me

urgió a lanzarme de nuevo a la pantalla. Con un joven e inexperto pero muy entusiasta equipo de colaboradores, pusimos en marcha *En medio del espectáculo,* que sirvió para estrenar en TV Azteca un género hasta entonces menospreciado por la televisión oficial: el periodismo de espectáculos; pero el flamante programa también fue el instrumento perfecto para medir el encono que Televisa sentía por una competencia a la que nunca se había enfrentado.

De inmediato supe que la misión no sería fácil: además de contar con años de experiencia en televisión, Televisa tenía una extraordinaria red de relaciones a través de las cuales intentó coartar desde el principio nuestro trabajo. A unos cuantos días estar al aire, *En medio del espectáculo* obligó a ejecutivos de Televisa a sostener una reunión urgente con los principales empresarios disqueros del país: la consigna era cerrarnos las puertas. No concebían que un artista floreciera fuera de sus dominios; no tenía ese derecho, y nosotros, a contarlo en nuestras filas. La advertencia sobre la mesa para los disqueros fue clara: o estaban con ellos o contra ellos. El monopolio se sentía mortalmente amenazado y hoy sé que tenía motivos.

En medio del espectáculo subsistió a pesar del boicot. A los pocos días de la reunión recibí varias llamadas telefónicas de empresarios que se solidarizaron conmigo. Todavía les agradezco que hayan sido lo suficientemente sensatos para entender que TV Azteca no era una amenaza sino una nueva opción para el público y para sus artistas.

Los que con mentalidad obtusa no lo asimilaron así, aún orillan a sus figuras a huir de nuestras cámaras; a cubrirse la cara; a dar respuestas poco inteligentes a nuestras preguntas en el mejor de los casos y, en el peor, a contestar con agresiones. Pero ¿saben qué? No hay reproche porque entonces como hoy nos dan la oportunidad de crecernos a los obstáculos, de transformar nuestra debilidad en virtud, y nos hemos vuelto expertos.

Recuerdo una batalla que libró entonces Atala Sarmiento, una de las jóvenes debutantes con quienes compartía la conducción de *En medio del espectáculo,* al intentar entrevistar a Daniela Romo. Tras la persecución y el forcejeo, el saldo fue un micrófono roto y el orgullo maltrecho de una novel periodista que hoy figura en el cuadro de honor de conductores de TV Azteca.

Pero ése era apenas el comienzo de una cruzada que las huestes de Televisa emprendieron desde aquellos días hasta hoy en contra de nuestros micrófonos y quienes los empuñan.

Aquí, el que no cae, resbala

Lo digo sin falsa modestia: hasta antes de *Ventaneando* el periodismo de espectáculos en México había estado marcado por la complacencia y la superficialidad. Los periodistas no iban más allá de tomar dictado a las celebridades sin cuestionar sus carencias profesionales, tropiezos o desplantes. Y en cuanto a la desordenada vida que algunos llevaban, la simulación era una práctica común. Nadie sabe, nadie supo. Por eso, cuando sonó el lapidario «aquí, el que no cae, resbala» de *Ventaneando,* la sacudida fue general y extrema.

Una tarde de hace diez años, Carmen Armendáriz y yo

fuimos a comer a Cluny y me propuso hacer el programa. Ella tenía la idea muy clara. Mi respuesta fue sí aun cuando la preocupación radicaba en que la televisora autorizara el proyecto tal y como lo estábamos planeando en ese momento. Principalmente, que nos dejara criticar lo que ocurría en otras televisoras. Para mi sorpresa, fue lo primero que autorizó Ricardo Salinas y, entonces, lo primero que pasó por mi mente fue: «Se va a armar una de aquéllas». Y se armó. ¡En qué forma!

TV Azteca aún no estaba por completo en el mapa y teníamos poca producción, pero *Ventaneando* resultó un programa tan innovador, que pronto no sólo estábamos en el mapa: ¡éramos un foco rojo! Se armó una escandalera, incluso antes de salir al aire. La prensa comenzó a especular, ya había represalias y se decía infinidad de cosas en periódicos y revistas. Sin embargo, lo más interesante es que en el programa cada miembro del equipo lograra ser auténtico y mostrarse al televidente.

Ventaneando vio la luz el 22 de enero de 1996. Sentados en la hoy famosa sala estábamos Martha Figueroa, Pedro Sola, Juan José Origel y yo. El coctel de personalidades tan disímbolas y el estilo desenfadado, nada complaciente y mordaz con que desde entonces abordamos las noticias de espectáculos hizo efecto.

Y en la calle nuestros reporteros también eran la novedad. Incisivos, aguerridos y a veces hasta implacables sacaban de sus casillas lo mismo a Vicente Fernández que a Andrés García o Lupita D'Alessio con preguntas que antes nadie les habían soltado tan directo. Pero ¡qué lata!, ¿quién los manda, quién les ordena preguntar eso...? En mi oficina los teléfonos no paraban de sonar, entre el asombro por el impacto que estaba alcanzando el programa y las molestias de muchas celebridades que empezaban a incomodarse no sólo por las preguntas. Habían escuchado el «campanazo» con el que Televisa llamaba a cerrar filas en contra nuestra y no querían aparecer como traidores. Lo que son las cosas, muchos de los que entonces se erizaban al ser captados por nuestras cámaras hoy no sólo tienen «membresía» como celebridades asiduas de *Ventaneando,* sino que son de nuestros más fieles televidentes.

Con tanta alharaca, en la primera semana de transmisión el programa alcanzó récords históricos de *rating* que cimbraron a Televisa y la cacería no se hizo esperar. A los jerarcas de San Ángel no les cayeron en gracia nuestras cifras de audiencia y mucho menos que —con un desparpajo que no soportaban— destrozáramos su programación: las pifias en sus telenovelas, los resbalones de sus conductores, lo exagerado de sus escenografías... no se nos escapaba nada.

Después de más de un año al aire, cuando el programa se afianzaba y muchas celebridades empezaban a dejar atrás el recelo que les provocaban nuestros micrófonos, sobrevino un ataque brutal: era un misil dirigido que llevaba escrito mi nombre con todas sus letras; pretendía aniquilarme no sin antes pasar por la humillación de perder lo más valioso que tiene un periodista: su credibilidad. Televisa entabló una denuncia penal en mi contra por la reproducción de sus imágenes, aunque a la larga quedó claro qué era lo que en realidad tenía a sus ejecutivos con la bilis derramada. Me querían tras las rejas y en consecuencia a *Ventaneando* fuera de combate.

La mañana del 18 de julio de 1997, cuando me enteré de

30

que agentes judiciales me buscaban a las puertas del fracciona-
miento donde vivo, pasé por toda una gama de emociones:
primero la incredulidad, luego el asombro; la indignación; otra
vez la incredulidad, la desesperación y el llanto.

En mi fuero interno lo que más me preocupaba era la reac-
ción de mi familia, de mis hijos y mi marido ante semejante
ataque. Pablo, siendo apenas un niño pero con una sensatez
que todavía me asombra, me sacó del pasmo:

—¿Te quieren en la cárcel sólo por ejercer tu profesión?

Mi hijo lo tenía claro: la aprehensión que pretendía ejecu-
tarse en mi contra lo más pronto posible tenía que ver más con
una urgencia de aplastarme que de enjuiciarme por un asunto
que se presumía ilegal.

Terminé el día en las instalaciones de TV Azteca, adonde
fui conducida con amparo en mano a bordo de un helicópte-
ro, porque las patrullas con su respectiva cuadrilla de agentes
todavía montaban guardia afuera de mi casa. Iba temblorosa,
exhausta por la extrema tensión del día, pero con la frente más
en alto que nunca. Las palabras de Pablo retumbaban en mi
cabeza: «¿Te quieren en la cárcel sólo por ejercer tu profesión?»

En la sala de *Ventaneando*, al compartir con el público la
odisea por la que acababa de pasar, no pude más. Rodeada de
mis compañeros, en el foro que estaba de gala porque entonces realizábamos la primera gran promoción millonaria para
agradecer a nuestros televidentes su fidelidad, me quebré. No
suelo abrumar a la gente con mis cavilaciones internas y mucho menos con mis tragedias personales. Tengo la convicción,
como dije antes, de que la televisión debe brindar solaz, es-

parcimiento y compañía. Pero la que en ese momento necesitaba escape y apoyo era yo.

El escandaloso episodio dio pie a un largo juicio que gracias a la pericia de nuestros abogados y al acertado criterio de las autoridades concluyó en una jurisprudencia que benefició a TV Azteca: bajo el recurso de la crestomatía podemos usar hasta cuarenta segundos al aire de material audiovisual que no sea nuestro sin ser acusados de ¡delincuentes! A pesar de haber superado el trance, estoy consciente de que nuestra competencia buscará nuevas argucias para intentar borrarnos del mapa. *Ventaneando* sigue siendo tan incómodo como al principio, y esa incomodidad permea desde la cúpula hasta el último bastión de su estructura: a veces somos objetos de agresiones gratuitas, pero nada como la que un día recibí de Alberto Ciurana, vicepresidente de programación de la empresa.

En un teatro, sentada a su lado por casualidad, disfruté de un espectáculo a cuyo final comentamos las minucias. Al despedirme, a bocajarro y con una ironía que todavía me hiela los huesos, me dijo:

—¿Sabes cómo me despierto todas las mañanas? —Ni tiempo de soltar palabra porque él solo se contestó—: Pensando en cómo chingarlos.

A lo largo de estos años muchos artistas han llamado a mi oficina para quejarse de las campañas de terror con las que Televisa les prohíbe acercarse a TV Azteca; a pesar de eso Eugenio Derbez pisó el foro de *Ventaneando* y con asombrosa inteligencia capitalizó el inminente veto. Jugó el mismo juego y les cobró con la misma moneda: al verlo en nuestra sala, cundió el miedo de que se fuera y automáticamente revaloraron su trabajo.

Pero por *Ventaneando* han desfilado otros íconos de Televisa, personalidades con una mentalidad mucho más abierta que no temen el juicio ni las represalias de nadie: Jacobo y Abraham Zabludovsky, Alfredo Domínguez Muro, Alejandro Fernández y hasta la visceral Ana Bárbara.

A Alberto Ciurana lo volví a ver casi doce años después en casa de unos amigos en común que propiciaron el encuentro. Me habían platicado que atravesaba por un proceso de sanación física y espiritual que incluía reconciliarse con las personas a las que había hecho daño. Ese día me pidió perdón. Lo escuché atenta, acepté su acto de contrición pero al final, sin ambages, le dejé claro que no era la misma de antes, la que se quedó impávida sin saber qué decir cuando me reveló la maldad y premeditación con la que actuaba en mi contra. Se lo dije a él como se lo he dicho a otras personas: la ingenuidad quedó atrás. Si alguien pretende hacerme daño, voy a echar mano de todo cuanto esté a mi alcance para defenderme y también para devolver la agresión. No nací para mártir.

«*Ventaneando*», el original

Creo que *Ventaneando* marcó un hito en la televisión mexicana no sólo por su formato, sino porque revaloró el periodismo de espectáculos y replanteó su enfoque: menos censura y más crítica, demostrando que los famosos están hechos de lo mismo que todo el mundo: de carne y hueso, que todos los días luchan contra sus debilidades y excesos y que la superficialidad no siempre es el mejor camino.

Nuestro arrojo nos llevó a descubrir historias de todo tipo: desde divorcios, demandas laborales y fraudes, hasta casos tan siniestros como el del famoso clan Trevi-Andrade.

Desde entonces y siempre con la mira de desbancarnos, las copias se han multiplicado. Pero los resultados han sido grises, desastrosos y hasta burdos. Yo no comulgo, por ejemplo, con la idea de darle voz y voto a personajes que no lo merecen, que sólo para ganar publicidad gratuita navegan como rémoras al lado de quienes sí tienen un prestigio y una carrera que defender. A mí no me sorprenden los advenedizos del espectáculo, y aunque no cuesta mucho identificarlos, hoy abundan quienes les abren los micrófonos anhelando que sus sensacionalistas e inverosímiles historias les den el *rating* que de otra forma cuesta mucho conseguir.

Agradezco infinitamente la libertad con que Ricardo Salinas Pliego me ha permitido trabajar desde que puse un pie en TV Azteca y, más que eso, la valoro. Por eso todos los días me hago el propósito de no traicionarla, de no confundirla, tanto como la confianza que deposita en mí y en mi equipo. Pero si lidiar con mis propias dudas y trastabilleos no es fácil, imagínense lo que implica hacerlo con los de los demás.

Y es que a veces creemos que después de diez años lo sabemos todo; somos indispensables y el mundo no nos merece. Muchas veces he tenido no sólo que aplacar mis impulsos sino los de Pedro Sola, Mónica Garza, Atala Sarmiento y el indomable Daniel Bisogno. Nos dedicamos a desnudar los tropezones en la vida y obra de los demás y no empezamos por la nuestra. Formar parte de *Ventaneando* no es gratuito; el trabajo implica compromiso, entrega, pasión, por supuesto conocimiento, pero ante todo un gran sentido de autocrítica. Si carecemos de él, entonces no estamos aptos para sentarnos en esa sala.

Es en la autocrítica, pero también en la autenticidad, donde radica nuestra fortaleza. Gracias a su entrega, el equipo se ha sabido ganar un lugar gracias a su objetividad y credibilidad, la cual no sería posible si no tuviéramos libertad en el ejercicio periodístico. Todos los muchachos que integran *Ventaneando* son trabajadores y responsables, comprometidos con su labor, y aquello que podría considerarse como una debilidad, nuestra pasión, es asimismo otra arista vital de la fortaleza, principalmente porque no debe olvidarse que es un programa en vivo en el que hemos aprendido a ejercer la libertad con responsabilidad. Cada comentario está sustentado, sobre todo porque el televidente, al ver y escuchar la información, generará una ola expansiva a partir del «Lo dijo Pati», «Lo dijo Mónica o Atala», o «Lo dijo Daniel o Pedrito».

EXCESOS Y ARREPENTIMIENTOS

Han sido diez años de aprendizaje, madurez y reflexión, del eterno «Esto ya no lo vuelvo a hacer porque me dolió mucho la cabeza». Se aprende de cada error cometido, de cada tropezón o llanto; por ejemplo, aquel que le ocasionó a Daniel la hoy célebre visita de Ana Bárbara al foro para reclamarle que le decía que tenía «cara de marciano». En ese momento, Daniel agachó la cabeza, no porque fuera lo justo, sino porque es un caballero; pero en el fondo le provocó una enorme rabia y un gran sentimiento de vergüenza; pero esta experiencia al «Muñeco» le sirvió para crecer y entender hasta dónde uno puede meterse y hasta dónde no. El sentimiento le duró no sé cuántos días, quizás meses. Pero, como dije, ésa es también parte de nuestra chamba, aprender a manejar nuestros ímpetus es tarea diaria.

A DIEZ AÑOS DE ABRIR VENTANAS

Diez años después podríamos decir que *Ventaneando* es un programa tremendamente divertido y entrañable tanto para las familias mexicanas como para quienes lo hacemos. Somos parte de la gran familia mexicana, y eso no lo pagamos con nada, la enorme satisfacción de recibir en la calle comentarios como: «Paso todas las tardes en mi sala, en mi cocina, en mi recámara, con ustedes», «Platicamos todas las tardes con usted».

Ésas son las experiencias que nos marcan. El televidente se fija en todo. Por ejemplo, me pasa continuamente que me reconocen por el solo timbre de la voz y recuerdo con gran asombro a un televidente en la frontera que me seguía y, al detenerme y hablar con él, me comentó que me había reconocido por los anillos. Me impactó muchísimo.

Los seres humanos cambiamos a diario y somos diferentes a cada instante. A lo mejor, hoy podríamos decir que Lupita D'Alessio está furiosa por algo y, a los dos días, que está feliz por la misma razón. Nos asombramos a diario tanto con la información como con nuestra manera de abordarla. La conducta humana no tiene límites; podríamos decir que *Ventaneando* es una historia permanente de telenovela tanto dentro como fuera de cuadro, pues el televidente se da cuenta de cualquier detalle: si cambiamos de corte de cabello, si traemos un traje nuevo, si engordamos. O por ejemplo, nos solidarizamos con nuestras historias personales. Ante todo somos humanos. A veces platico de algún incidente con mis hijos o de mi estado de ánimo. A diario creamos una intimidad con el público y conocen nuestras vidas, nuestras historias.

Hasta que nos cansemos. En lo personal, quisiera que *Ventaneando* durara años y años; yo no pienso en el retiro. Sin embargo, puede darse el caso de que en algún momento a la empresa ya no le interese el proyecto o que nosotros ya no queramos seguir en él. Me gusta vivir el día de hoy, es como el primer día de mi existencia; así que *Ventaneando* permanezca al aire el tiempo que tenga que durar, pero no sin antes agradecer al público su aceptación y complicidad con nosotros; sí, a todos ustedes que a diario sintonizan su televisor a las seis de la tarde. Nosotros estaremos como siempre, muy puntuales, tratando de hacerles pasar un rato agradable.

Entre escándalos
y desaparecidos

Se presume inocente

A raíz de que le fue negado el amparo federal, en julio de 2004, Gloria Trevi emprendió una agresiva campaña mediática apoyada por Televisa, específicamente por el productor Juan Osorio y su esposa Niurka, en la que me responsabilizaba, junto con TV Azteca, de su ingreso y permanencia en la cárcel.

Trevi, como de costumbre, se decía inocente, no obstante su detención (Río de Janeiro, 13 de febrero de 2000), extradición (Brasilia, 7 de diciembre de 2000) y auto de formal prisión (24 de diciembre de 2003) por los presuntos delitos de corrupción de menores, rapto y violación con penalidad agravada cometidos en contra de Karina Alejandra Yapor Gómez, joven originaria de Chihuahua que ingresó al clan en 1995 con la promesa de becas, sueldo millonario y una carrera artística igual o mejor que la de su ídolo, Gloria Trevi, quien a cambio la sumergió en el mundo de perversión de su *manager:* Sergio Andrade, a quien debe «agradecerle» ser sexualmente activa desde los doce años de edad, un embarazo adolescente a los quince y el abandono de su propio hijo, Francisco Ariel, en Madrid, España, en 1999.

Así, desde la cárcel, en sus constantes e insólitos enlaces a programas de radio, esta jovencita Gloria Trevi culpaba de su situación carcelaria a TV Azteca, mientras que a los programas que dirigía entonces —*Ventaneando* y *El ojo del huracán*— los acusaba hasta de dar dinero a las autoridades en Chihuahua para no permitir el ingreso de visitas a las que ella creía tener derecho e impedir su debut en la producción telenovelera de Osorio. Trevi barrió hasta con el presidente de México, Vicente Fox, al que dijo que pediría ayuda, pero del que, agregaba, desconfiaba por «su amistad con Salinas Pliego». Falso lo dicho por la señora públicamente, grave legalmente, pues a esto se le tipifica como difamación y daño moral. Pero en el colmo del cinismo: se autonombraba una muerta de Juárez. La historia y los hechos son muy claros y si a Gloria de los Ángeles Treviño Ruiz —entonces de 35 años, responsable del reclutamiento de jovencitas menores de edad para satisfacción sexual de su mentor, *manager,* amante, maestro, creador, enemigo número uno y padre de sus dos hijos, Ángel Gabriel y Ana Dalay (ésta última muerta por asfixia en noviembre de 1999 por las cobijas que la propia estrella le colocó)— se le olvidaba, habría que hacerle, parafraseándola, «un recuento de los daños».

«La Gloria por El Infierno»

Los seres humanos tendemos a buscar a un culpable de lo que nos sucede, sobre todo cuando vivimos algo que no nos gusta, sin darnos cuenta de que las experiencias vividas son resultado de nuestros propios actos. Recogemos exactamente lo que sembramos y nos resulta más cómodo echarle la culpa a alguien de nuestros males que darnos cuenta de nuestros errores.

Esto viene a colación porque, en 2003, desde la cárcel de Chihuahua, Gloria Trevi llevó a cabo una buena campaña de promoción, seguramente con la anuencia de Sergio Andrade, diciendo que estaba encerrada por mi culpa, acusándome de ser una mujer tan poderosa que logré que su encierro se alargara, impidiendo, incluso, que trabajara en la telenovela de Juan Osorio, obstaculizando no sólo su desarrollo profesional sino una posible y muy jugosa fuente de trabajo para las reclusas.

Si en mis manos estuviera tal poder, ya hubiera agilizado el sistema jurídico de este país, que es harto lento, y empezaría por cambiar muchas leyes que están más encaminadas a la injusticia. Lo que a mí me toca como periodista es informar; dar a conocer los sucesos del medio del espectáculo, asuntos que pueden resultar simpáticos, aburridos, impactantes, agradables, ridículos o estremecedores. En cuanto al caso de la Trevi, éste se vuelve mayor por aterrador, y sencillamente lo di a conocer.

Recordemos que la que abrió la caja de sorpresas en torno a lo que vivieron un grupo de chiquillas al lado de Sergio Andrade, María Raquenel Portillo y Gloria Trevi fue Aline Hernández, al publicar *La Gloria por el Infierno* —libro escrito por el periodista Rubén Aviña—. El título tiene un porqué, según relatan todas las afectadas.

«Mary Boquitas» y Gloria Trevi primero les echaban ojo a

43

las fans, seleccionaban a preadolescentes de entre los once y catorce años de edad, convencían a los padres para que las dejaran ir con ellas bajo promesa de convertirlas, vía un arduo trabajo de estudios y preparación, en «estrellas de la música». Todas ellas, según el clan, tenían el potencial físico y el talento para llegar a ser como Gloria Trevi. La realidad fue otra: se toparon con el infierno: fueron violadas por Sergio Andrade y sumergidas en un mundo de perversión, donde una y otra vez fueron golpeadas, violentadas, ultrajadas, previo trabajo de convencimiento de María y Gloria.

La lista de jovencitas agredidas es larga: Karina Alejandra Yapor Gómez, Aranza, Gabriela Olguín, Guadalupe Carrasco, Carola de la Cuesta, Carla de la Cuesta, Katia de la Cuesta, Lilliana Soledad Regueiro, la chilena Tamara Zúñiga, Wendy Selene Castelo, quienes declararon en entrevistas a programas de televisión, radio, periódicos y revistas los maltratos y las vejaciones de que fueron objeto, amén de que, en su mayoría, salieron embarazadas y dieron a luz; muchas de ellas declararon que fueron, incluso, sometidas en más de una ocasión a abortos involuntarios.

Luego de la publicación del libro de Aline, cada jovencita fue contando su historia; otras prefirieron guardar silencio; hubo madres que hablaron conmigo y me pidieron que no difundiera la historia de sus hijas y así lo hice. Hay quien recuerda su historia con mucha rabia, como Brandy Ruiz, quien, animada por su prima Gloria Trevi, al darse cuenta de lo que estaba viviendo al interior del clan y venciendo la vergüenza, se confesó con la abuela de ambas. Tremenda desilusión se llevó la chiquilla cuando la abuela le dijo que debía callarse para no afectar a su nietecita Gloria, una joven muy conocida; qué iba a decir la gente de ella. Brandy se cambió el nombre y le ha tomado muchos años superar el trauma que le causó lo vivido.

Hoy en día, Sergio Andrade, «Mary Boquitas» y Gloria Trevi se encuentran libres.

¡Vaya con el tipo!

A mediados de 2003 me decepcionó terriblemente el comediante Julio Zabala. La historia era increíble, pues éste había sido acusado por un escritor mexicano de insultarlo, llamándolo «muerto de hambre», durante la grabación de un programa en Miami. A Zabala le dimos el beneficio de la duda y le hablamos para que nos explicara lo sucedido. No tuvo las agallas para hacerlo personalmente y nos concedió la entrevista vía telefónica.

El día del enlace desde luego desmintió el hecho; sin embargo, por sorprendente que parezca, y como si le quedaran segundos de vida, se fue, sin más, como hilo de media contra Bisogno. Lo insultó sin venir al caso y sin explicar sus porqués. Estaba tan alterado que tartamudeó de lo lindo. Al concluir la llamada, mandé a comerciales. Ninguno en el foro entendimos las pretensiones del comediante hasta que Alexis Lippert, nuestro productor, entró al estudio y nos dijo:

—Julio no colgó bien el teléfono, puso el *speaker* y grabamos una conversación donde aparece un tal Harry; estoy seguro que la voz femenina es de Ana Bárbara.

Pero ¡qué torpeza la suya, vaya con el tipo! Cuando regresamos al aire no dudé en comentar lo sucedido con el público y prometí, al día siguiente, transmitir lo grabado. Peor aún, Zabala continuaba viendo *Ventaneando* y se reportó con Rosario Murrieta, nuestra jefa de información, pidiendo réplica. Una vez más, aunque se la concedimos, no quiso hacerlo en vivo.

La conversación no autorizada que transmitimos era en tono burlón y soez. Palabras más, palabras menos, decían: «¡Qué tal! ¿Vieron cómo le di por su lado a Pati? Y a la otra hasta la felicité por su hija; hablé del disco, del negocio y, ¿se fijaron?, les ordené que tomaran a Bisogno y le dije en su carota pendejo [aquí resalta la voz de Ana Bárbara festejando la puntada maravillosa de decirle pendejo a Daniel]; seré negro y chaparro, pero tengo el cerebro bien puesto en la cabeza de puta madre». El tal Harry felicitó todo el tiempo a Zabala y entre ellos se escuchaba la algarabía de Ana Bárbara.

El comediante tiene razón en que el cerebro está en la cabeza, pero eso no lo hace inteligente y así se lo hizo saber Pedro dando su opinión en *Ventaneando*. Yo me reí para adentro porque qué clase de relación sentimental podía haber en aquel entonces entre Julio y Ana Bárbara (hoy la esposa del viudo de Mariana Levy) como para que Daniel Bisogno estuviera presente en su conversación a más de dos años de que Ana Bárbara se presentara en *Ventaneando* demostrando su enojo en contra de la crítica que había recibido de Daniel.

Esta permanente rabieta de Ana Bárbara se debe a que en una ocasión Daniel comentó que ella, como tiene los ojos muy separados, luce como extraterrestre. En un sentido real, si comparas una foto de ella con las imágenes que ha publicado la NASA sobre extraterrestres, en efecto, a estos seres de otros planetas se les ven los ojos muy alejados de la nariz. ¿Cuál era el problema de la comparación? ¿Ese comentario la hacía menos popular? ¿Esto le provocó una enfermedad terminal? ¿A ella le salió una joroba? ¿Su hijito la dejó de querer? La verdad no sé qué había en la cabecita de Ana Bárbara que prefería regodearse en un enojo que ver para delante.

El caso es que, luego de transmitir la llamada que grabamos, volvimos a darle réplica al comediante; primero trató de atacar a Pedro Sola, por evidenciar su falta de inteligencia; luego dijo que debíamos agradecerle a él lo fabuloso del programa; después quiso plantear algo en relación a mi credibilidad como periodista que nunca entendí, para luego tratar de meter a la mamá de Lucero y entonces, en ese momento, interrumpí su monólogo porque se perdió en su propia alegata y di por terminada la llamada telefónica. ¿Qué tal lo desubicado del negrito cucurumbé?

Antes de colgar la llamada, Daniel le dijo:

—Julio, se te invitó a que vinieras al programa para que sentado dieras tu réplica y no quisiste; Ana Bárbara sí lo hizo aunque tenía contrato de exclusividad con Televisa. No me extraña; se ve que la que lleva los pantalones en la relación es ella.

El galán de la Guzmán

En estos tiempos ser figura pública no es sencillo. Si eres, como Alejandra Guzmán, famosa desde la cuna, por ser hija de

Enrique Guzmán y Silvia Pinal, mucho menos, a pesar de que ella tiene, por sí sola, una trayectoria que la ha hecho popular y querida.

Su complicación radica en que, dado que atiende a la prensa de frente y sin tapujos y, en ocasiones, los afronta, con frecuencia se ve envuelta en verdaderas bombas periodísticas. Para muestra un botón: bastó que trascendiera su embarazo y su posible boda en mayo de 2003 con el entonces desconocido Gerardo Gómez Borbolla para que los medios nos volcáramos sobre ella. Nadie imaginó lo que pasaría. Al joven tampoco se le ocurrió que su romance lo pondría en la mira, y tras las investigaciones caímos en la cuenta de varias fechorías cometidas por el galán de la Guzmán: enfrentaba una orden de aprehensión por el cargo de robo de coches; fue declarado culpable del delito de fraude con tarjetas de crédito y sentenciado a cuatro años de prisión. Las autoridades tomaron cartas en el asunto en agosto de 2002 y Gerardo, al saberse con las manos en la masa, orientado por abogados, apeló.

Gozaba entonces de libertad condicional, aun cuando el subprocurador general de justicia de la zona norte del estado de Quintana Roo, Miguel Ángel Pech Cen, decía que Gómez Borbolla tendría que cumplir su condena en la cárcel, pues de acuerdo con la legislación penal de ese estado, sólo una pena de hasta tres años es conmutable por una multa. La juez Dulce María Balam Tuz fue quien dictaminó el 31 de marzo de 2003 que Gerardo Gómez Borbolla era culpable, y no fue detenido porque apeló el 2 de abril. Sus abogados trataron de llegar a un acuerdo entre los agraviados; se hablaba de un hotel y de una joyería, pero el proceso continuó.

El asunto no se detuvo ahí: se ventiló, a través del ex procurador de justicia del estado de Morelos, José Luis Urióstegui, y del político perredista Graco Ramírez, que Gerardo también estaba implicado en la banda de robacoches que operaba en Morelos, en la que estaban metidos «muchos *juniors*», y que los autos robados eran embarcados en Playa del Carmen rumbo a Europa y Centro y Sudamérica. Ambos (Urióstegui y Ramírez) declararon que el gobernador de ese estado, Sergio Estrada Cajigal, metió las manos para proteger a Gómez Borbolla, ya que era su cuñado, pues resultaba que la hermana de Gerardo, Maica, era su novia.

Cuando esta información salió en *Ventaneando*, de inmediato se comunicaron a la redacción de parte del gobernador, quien quería aclarar unos puntos, de manera que le mandé cámaras y reportero. La entrevista fue más para aclarar que hacía más de un año que estaba legalmente divorciado, que sí era novio de Maica y que ella, como su familia, eran mexicanos respetables. Sobre el asunto de su cuñado, habló de un modo poco claro: «Se viven tiempos de elecciones y es una forma política de atacarme».

A todo esto, Gerardo dio la cara a los medios, que fueron convocados por Alejandra Guzmán; ella no quiso declarar nada y, palabras más, palabras menos, repitió las mismas afirmaciones del gobernador. Sin embargo, Gerardo se sinceró con el reportero Jesús Cisneros y le comentó: «Sí usé las tarjetas, me las encontré y se me hizo fácil». No sé qué opinen ustedes, pero esto se llama, en cualquier parte del mundo, robo, que puede ser una gracejada en un niño, pero en un adulto es delincuencia.

Decisiones

No cabe duda de que, para criticar, los periodistas nos pintamos solos. Con todo el morbo posible se abordó, en 2003, el hecho de que el novio de Alejandra Guzmán, Gerardo Gómez Borbolla, se internaría en una clínica de desintoxicación, tras un comentario inoportuno de su hermano. De manera lamentable, las adicciones son un mal en la humanidad del que pocos escapan. Nos sobran ejemplos cercanos; generalmente, de manera personal tenemos una historia que contar al respecto y, de una u otra forma, a través de familiares y amigos, en ocasiones nos toca padecer los estragos que provocan física y emocionalmente las drogas ilegales, el alcohol y el tabaco, aun cuando estos últimos sean social y legalmente aceptados.

El hecho de que Gómez Borbolla haya aceptado su adicción era un paso valiosísimo, pues de ello dependía su rehabilitación, proceso nada sencillo que el joven había mantenido en silencio. En momentos como aquéllos, lo que debió hacer el hermano era apoyarlo y esperar a que Gerardo deseara —o no— compartir su experiencia.

El mundo del espectáculo está plagado de historias como ésta. Algunas de ellas las he relatado en las giras de Vive sin Drogas, organizadas por Fundación Azteca, con autorización de sus protagonistas: José José, quien amablemente grabó un testimonio para el público que asiste a las conferencias; Anel, quien se hizo dependiente de las anfetaminas en su afán por bajar de peso para adelgazar en forma precipitada; la propia

Alejandra Guzmán, que aborda el tema de la adicción con dificultad y la entiendo bien, porque en lo personal me cuesta mucho trabajo aceptar públicamente que soy hija de una mujer alcohólica; o Roxana Chávez, quien relata cómo descubrió que su hija adolescente era adicta a la heroína y cómo la ayudó a rehabilitarse. Ni qué decir de la tremenda historia del actor Alfonso Echánove.

El libro *Drogas, las 100 preguntas más frecuentes,* que coordinó Kena Moreno y editó Centros de Integración Juvenil, responde a todas las inquietudes sobre el tema de las adicciones; una de ellas: ¿por qué alguien consume drogas? Dice: «Las causas que propician el consumo de drogas obedecen a ciertos factores, como la creencia de que la droga no le hace daño; la presión de los amigos; la curiosidad, la suposición de que las drogas pueden ayudarlos a olvidar sus problemas o a calmar su angustia, ansiedad o dolor. Las razones pueden ser numerosas, pero lo importante es saber que el consumo de drogas daña el organismo, la mente y la relación con los demás».

Este libro aporta datos interesantes. De acuerdo con la Encuesta Nacional de Adicciones de 1998, en México las drogas de mayor consumo son el alcohol (58.5% de los encuestados) y el tabaco (27.7%, equivalente a la cuarta parte de la población), seguidos por la marihuana (4.7%, 2 millones 244 mil personas), la cocaína (1.4%, 691 mil 218 personas) y los inhalables (0.8%, 381 mil 214 personas). Esta encuesta contempla a las personas que consumieron alguna vez en la vida, en el último año y quienes lo hicieron en los últimos treinta días; en el caso de la droga ilegal de mayor consumo, la tendencia se mantiene estable y se aplica a personas con edades de entre doce y sesenta y cinco años. Considero altamente recomendable la lectura de este libro.

¿Qué será de ellos?

La fuerza de la mente me parece fascinante. El hecho de que al pensar se están enviando señales al universo y vaya usted a saber en qué artes éstas se conectan con las personas en quienes se piensa. Seguramente a usted le ha pasado también y lo ha llamado casualidad o coincidencia, que tras pensar en alguien, éste, de alguna manera, se comunique con usted. A mí me pasó esto en el 2003, con Claudio Yarto, el ex rapero del Grupo Caló: llevaba días pensando en el grupo cuestionándome qué sería de los integrantes, si seguían en la música, si preparaban nuevo material discográfico. Si todas estas preguntas eran negativas, me preguntaba, sencillamente, qué sería de sus vidas, a qué se dedicarían ahora. En ésas estaba, cuando recibí un mail de Claudio:

«¿Cómo está Sra Chapoy. Espero que bien. Le quiero pedir que no dé notas el señor Pedro Sola de mí equivocadas. No le había dado realmente importancia a sus comentarios sobre mí en el programa TEMPRANITO hasta que ya, por décima ocasión, me preguntan que si es verdad que estoy como un desamparado viviendo en la calles de Los Ángeles, viviendo en un carro y demás cosas. Mi madre se afligió tanto y mi hijo también pues no vivo con ellos. No necesito que le echen más leña al fuego de mi vida, ¿me entiende? Estoy trabajando durísimo en mi regreso, construyendo, una nueva vez más, la confianza de los que me rodean y de la gente que me está apoyando, que comentarios así afectan directamente a mis planes pues pone, una vez más, una sombra sobre mí. Si esos comentarios hubieran pasado aquí directamente en los ESTADOS UNIDOS el programa y sus conductores serían sujetos a una demanda por difamación; pero como México es México y no me interesa ninguna demanda hacia nadie, le suplico que rectifiquen esos comentarios los conductores. Qué lástima que siempre que tengo que comunicarme con usted sea por un rollo extraño y nunca realmente pueda conocerme en BUENA ONDA, que lo soy, y usted me cae súper bien y nunca llegamos a un acuerdo sano; espero su respuesta YARTO.

»P.D. Si quiere ver qué estoy haciendo vaya a mi página www.dj-yoo.com»

De inmediato se lo turné a Pedro Sola y me comentó que él no dijo nada, que fue Ingrid Coronado, pues así tenía el libreto. Me comuniqué entonces con el productor Alejandro Romero, le turné el correo de Claudio y se disculparon con él durante la emisión, además de que se reportaron con Claudio para estar al día.

No siempre entiendo el afán de los artistas por desaparecerse del medio. A veces es en aras de un embarazo, de que necesitan espacio porque están hasta el gorro de la carrera y sus consecuencias, porque se merecen un descanso, o de plano ya no quieren continuar; la mayoría de las veces es que no tienen trabajo o no les renuevan contrato discográfico o, de plano, ya no tienen nada que aportar. Pocos se atreven a decir que se retiran y muchos padecen al retomar su carrera.

Alejandra Guzmán, por ejemplo, se las vio negras para volver a los lugares de popularidad acostumbrada tras el nacimiento de Frida Sofía. Lucero y Amanda Miguel escondieron su embarazo y avisaron que se dedicarían momentáneamente a sus hijos. A Lucero le ha costado volver a colocarse, sobre todo después de defender a su guardaespaldas cuando éste agredió con pistola en mano a periodistas; y Amanda Miguel a veces asoma la cabeza. Hay otros de los que, de plano, se ignora su paradero: el grupo La Red, Lima Limón, Ana Colchero, Prisma, Alondra, Christian Gout, Gibrán, Jade, Ríos de Gloria, Max Aub, Beatriz Acevedo, Gerardo Reyes, y la lista puede seguir y seguir; habrá quienes hagan apariciones furtivas en algún medio de comunicación; otros, cuya vida profesional ya pasó a mejor vida.

PERSONAJES
entrañables

Los locos de la casa

Mientras platicamos, la ronquera permanente y un cigarrillo en la mano son características que no puedo soslayar en la actriz Margarita Isabel. Desde muy pequeña el humo del cigarrillo le anunciaba la presencia de su padre adorado, don Vicente, quien entre bocanada y trago de whisky pintaba a las estrellas de cine y a las mujeres guapetonas de los políticos: «Lo llamaban Chano. Era una combinación de Oscar Wilde y Mauricio Garcés, un seductor nato, tremendo con las mujeres».

Margarita y Vicente eran los locos de la casa. Su madre, Lucrecia, y su hermana, Rosa, las decentes: «Mamá no la pasó bien a su lado. Se amargó. Tras la muerte de su primer hijo, un día escuché que le decía a una amiga 'Mejor, un problema menos'. No esperaban que yo naciera. Se quedó con mi papá porque no le quedó de otra, y cada que podía arremetía su rabia contra mí a bofetadas limpias».

Margot, como la llaman sus amigas y su nieta Andrea, recuerda aquella vez, cuando tenía apenas nueve años, en que, por la ventanilla del autobús que la llevaría a la escuela, vio a su papá abrazado a otra mujer: «Me quedé paralizada. Caí en cama tres días, ardiendo en calentura. Dos años después, por esa mujer, mi padre nos abandonó. Creo que por ello he buscado en todas mis relaciones vengarme de los hombres. He sido yo la que ha terminado con mis parejas. La razón: sufrí mucho. Mi primera relación fue desastrosa: mi padre y su abandono».

«A cerrar filas»

Hay historias paralelas a la noticia que es interesante dar a conocer. En junio de 2003, de visita relámpago, Thalía vino a México a presentar su décimo disco. Amable, atenta e inteligente como es, la percibí, sin embargo, algo temerosa, pues era la primera vez que se enfrentaría a los medios tras el secuestro de sus hermanas, tema del cual se negaba a hablar en público tanto para procesarlo mejor como por respeto a sus hermanas, quienes ya habían hablado al respecto en diversos medios de comunicación.

Durante el secuestro, se había filtrado la información de que la cantante se sentía culpable. Mientras platicábamos se lo hice saber, e incluso ella sustituyó secuestro por suceso: «No es verdad. No hice nada, sólo he trabajado desde chiquita. No soy responsable, tampoco de lo que escriben de mí, de lo que especulan sobre mi vida y mucho menos de las películas que inventa la mente de un criminal.

»En lo personal, se me prohibió venir a México y tener contacto alguno con mi familia. Si alguna cámara captaba mi imagen y ésta era publicada, la situación se iba a complicar. No podía hablarles por teléfono, puesto que estaban intervenidos; lo hacíamos por Internet y les escribía cartas eternas. A pesar de la cautela, alguien en televisión hizo el comentario de que había venido a México junto con un ejército enviado por Tommy Motola, mi marido. Ese comentario complicó las negociaciones del rescate. Fue una situación muy difícil.»

Su mirada perdió brillo. Ella misma cambió.

Volvió a mí entonces la experiencia periodística de aquellos días: el día en que la noticia se dio a conocer, todos los productores, jefes de información y comunicadores recibimos la orden de sólo dar a conocer la nota ese día y después guardar silencio total. El presidente de TV Azteca fue muy claro: «Imagínense que el secuestrado es uno de ustedes o algún familiar. ¿Les gustaría que un comentario de los medios entorpeciera las negociaciones, el rescate o, peor aún, que lo mataran? No, ¿verdad? Pues entonces, a cerrar filas».

Guardamos silencio. De ahí mi sorpresa cuando, al tercer día, me llamó por teléfono el jefe cuestionándome el porqué me había brincado sus órdenes y el porqué seguía informando el suceso. Expliqué que no era cierto y, dada su incredulidad, mandé checar con personas ajenas a mis producciones, programa por programa, *Ventaneando,* para demostrarle que era verdad lo que le dije. Tras comprobar que decía la verdad, me comentó que era Tommy Motola quien le había llamado para decirle que estábamos complicando las negociaciones por tanto comentario. Al sol de hoy, esto sigue siendo una mentira; sin embargo, en el medio se comenta que fue Origel quien abrió la boca cuando no debía.

Un encuentro con Ernestina Sodi

Vivimos con prisa, tratando de controlar y sujetar con fuerza las riendas de nuestra vida para caminar por la dirección que elegimos, enfocándonos en el Tener y muy poco en el Ser, una práctica impulsada por la sociedad consumista contemporánea. Nos parece que resulta muy complicado entender y aceptar lo frágiles que somos. ¿Han pensado alguna vez cuánto tiempo nos lleva a los seres humanos formarnos, construir una personalidad sólida y un entorno seguro que nos permita vivir de acuerdo a nuestros anhelos y qué pasa dentro de nosotros cuando algo y alguien te frena, te aniquila y destruye tus esquemas quitándote todo? ¿Cómo reconstruir de nuevo tu vida, cómo entender el para qué cierta experiencia te sucedió o el porqué te la obligaron a vivir?

Después de una larga espera y tras cinco meses de su secuestro, Ernestina Sodi Miranda me concedió la entrevista solicitada. Llegó a TV Azteca vestida de manera muy elegante, sin una sola joya, acompañada por los socios de Agueda, su editorial. Ahora, su vida no está sólo enfocada a escribir novelas y guías de viaje, sino a defender los derechos de las víctimas de secuestro y a difundir lo que sucede con ellos y su entorno, para lo que creó también una fundación al respecto. Según me comentó, en 1997 en nuestro país este delito alcanzó cifras escalofriantes: 997 plagios por año y, según cifras de la Comisión Nacional de Seguridad Pública de Coparmex, en el 2000 la cifra se redujo a 271, pero aún falta mucho por hacer.

Ésta fue la primera vez que, en mis muchos años de periodista, durante las dos horas de la entrevista me tragué las lágrimas. Ante sus palabras, y al percibir su indefensión, quería consolarla, abrazarla, a sabiendas de que no habría modo de mitigar tan dura experiencia. El relato era desgarrador. El dolor que vivieron las hermanas Sodi es indescriptible.

Resulta inaceptable que alguien triture la vida de un ser humano como lo hicieron los secuestradores con ellas. Su cautiverio fue a oscuras, en una habitación con baño, sin un resquicio de luz; la comida estaba condicionada a las negociaciones de rescate: si iban bien, tenían acceso a alimentos, de lo contrario, se los negaban. Ernestina comentaba: «Los secuestradores saben muy bien cómo aniquilarte psicológica, moral y anímicamente; te vuelves inseguro, sin voluntad propia; ellos mandan. Te obligan a vivir en el infierno y éste tiene sus propias reglas. La víctima (de *victimare*, que significa «vencido») es como un niño que tiene que obedecer. Te doblegan, humillan, golpean, violan, martirizan, porque estás es sus manos. Caes en un mundo creado por delincuentes, sin leyes ni luz ni aire; ellos, sintiéndose dioses, deciden si vives o mueres; si comes o duermes; deciden sobre tu cuerpo y tus pensamientos».

El secuestro, que, como todos sabemos, para Laura Zapata duró diecisiete días y para Ernestina treinta y cuatro, dejará secuelas para siempre, pues cuando sales del cautiverio ya no eres el mismo, te sientes adolorido con el ser humano. Hay daño psicológico y físico; por ejemplo, Ernestina perdió 80 por ciento de visión en el ojo derecho y, según me comentó, las víctimas llegan a tener entre cincuenta y sesenta trastornos, no todos detectables a simple vista: se les cae el cabello, los dientes se aflojan, el ciclo menstrual se altera o les sale sarpullido. Ante la impotencia, le pregunté alterada si no era posible defenderse. Su respuesta fue devastadora: «No, la víctima no puede defenderse. Si levantas la voz, puede costarte caro. Si te opones o resistes al trato, te matan».

A pesar de lo vivido, Ernestina Sodi aún sonríe. Ya en libertad, para enfrentar lo sucedido y reconstruir, pasito a pasito, su vida, pidió ayuda a especialistas en conducta humana con experiencia en el área, que han investigado lo que sucede tanto física como emocionalmente tras un *shock* de tremenda naturaleza. Asimismo, se ha dedicado a crear conciencia en la gente para que, de igual forma que los plagiarios acuden a Derechos Humanos para que se hagan valer sus garantías, las víctimas no sólo denuncien sino que exijan que la CNDH colabore en su proceso de recuperación, pues tienen el mismo —si no es que más— derecho que los mismos plagiarios. Así me lo dijo Ernestina: «Pedimos justicia, no apapacho; el secuestro es un problema social, lo vive mucha gente. Es importante saber cómo cuidarnos porque todo es tolerable menos la inseguridad en la que vivimos».

La sexy inocencia de Thalía

Desde muy pequeña, Thalía tenía muy claros sus anhelos en la vida y, para los jóvenes que planeen una larga carrera en el espectáculo, debiera ser un ejemplo a seguir; ella misma me comenta: «Han sido las circunstancias de la vida y las agradezco; no he parado desde aquella vez que mi hermana me llevó a hacer un *casting* para un grupo que se llamaba Din Din; con ellos grabé un disco en el estudio Pedro Infante en la compañía Peerles; en el camino, me encontré con Julissa y me invitó a trabajar en *Vaselina*, donde me vio Luis de Llano y me llevó a Timbiriche; gracias a esto me conoció Carla Estrada, quien me ofreció mi primer estelar en la telenovela *Quinceañera;* de ahí, Valentín Pimstein me dijo que iba a hacer conmigo una trilogía de telenovelas, lo cual me dio tremenda difusión en el mundo. Gracias a *Marimar*, Emilio Estefan me produjo un disco y me presentó a Tommy. Pero sobre todo, tengo muy claro que puedes tener el talento, la magia y lanzarte al mundo y a la gente, pero uno no sería nadie sin el apoyo de una disquera, de la radio, la televisión, la prensa y, por supuesto, del público».

Podría creerse, tras estas declaraciones, que lo que Thalía ha tenido es suerte. Sin embargo, un buen amigo psicoanalista me dijo alguna vez (y yo comparto esta opinión) que a las «suertes tan seguiditas» él las llama trabajo, entrega, talento, pasión, ganas de triunfar, inteligencia, ambición, perseverancia, saberse merecedora del éxito y tener claramente un proyecto de vida profesional y personal.

Todo en ella denota que nació para ser estrella. No da un paso sin huarache y se ha tomado el tiempo para planear su vida; estar en donde está se lo ha ganado a pulso, lo ha trabajado y sudado. Aún recuerdo como, hace muchos años, cuando coincidimos para la grabación de un programa en Guadalajara Camilo Sesto, Timbiriche y yo, Thalía pasó por el *lobby*, junto a nosotros, y a sus escasos once añitos, llena de garbo; a Camilo —que estaba platicando conmigo— casi se le tuerce el pescuezo de seguir con la mirada a la chiquilla. Desde entonces ya llamaba la atención, así que ahora, mucho más hermosa, madura y preparada, está segura de lo que tiene y quiere. Se sabe dueña de una buena dosis de sexy-inocencia que proyecta de forma encantadora, y su disposición al cambio es característica: «Me gusta saber que tengo la oportunidad de deshacerme de patrones de conducta antiguos, de modificar comportamientos obsoletos, ajenos a mi nueva vida. Me reinvento todos los días y puedo atreverme a hacer cosas que quizá nunca imaginé, porque eso te da la oportunidad de saberte con vida. El cambio es permanente, tus prioridades van transformándose; aquello que uno consideraba importante o vital en el pasado de pronto pierde todo significado».

Con Thalía en Puerto Rico

Han pasado más de veinte años desde aquella primera vez que Thalía pisara un escenario. Sin querer queriendo, me inundaron los recuerdos de cuando aquella chiquilla llegó a ocupar el lugar de Sasha en Timbiriche, seleccionada de entre cientos de preadolescentes. El día de su debut, temblaba de pies a cabeza ante un público que deliraba histérico por ver a Sasha; era tal la nerviolera que se equivocó de micrófono y tomó el de Paulina quien, furiosa, se lo arrebató dejándola sola y paralizada en el escenario para el gran momento. Diego la sacó del atolladero dándole su micrófono y, ante el gesto, se creció, como sólo ella sabe hacerlo, y desde ese momento conquistó al público.

Ahora, no pisa sólo los escenarios de un teatro en México,

sino los más importantes del globo. Su nombre es conocido en el mundo gracias a la trilogía de telenovelas *María Mercedes, Marimar* y *María la del barrio,* por sus diez discos en solitario y, desde 2004, gracias a una marca de ropa que se distribuye en cerca de 1800 sucursales de la cadena K-Mart. Apenas llega su línea de ropa a las tiendas se agotan, así que, además de su talento, resultó tener buen olfato empresarial.

Con motivo de la presentación de su disco *Grandes Éxitos,* la cual se llevaría a cabo en Puerto Rico el 14 de febrero de 2004, viajé para platicar con ella y confirmar que es un agasajo entrevistarla. Seductora como es, dejó boquiabiertos a los boricuas: apareció en un estudio de *Televicentro* como muñequita y, sabedora de que lleva las cámaras a donde lo desea con sólo mover su cabellera y acomodar su cuerpo flexible y espigado, en posturas jamás imaginadas, hermosa de bonita, simpática, sensual, inteligente, pícara y dulce como es, les decía a los periodistas «cariño, pregúntame lo que quieras, del tema que gustes».

Vaya usted a saber qué tanto desata Thalía en las cabecitas de los hombres, pero los que vi en Puerto Rico estaban sin aliento; abrían los ojos como si fuera un espejismo. Las mujeres comentábamos que era momento de retomar la dieta a velocidad láser y volver al ejercicio y al yoga, urgentemente. En lo personal, estaba embobada viéndola disfrutar el dominio de la situación, respondiendo todas las preguntas de la prensa, dándoles su lugar por más insolentes que fueran; incluso, un ejecutivo de su disquera a la tercer pregunta se puso nervioso y quiso dar por terminada la conferencia y ella lo impidió, gesto que agradeció el gremio.

65

En un solo día cumplió con la agenda establecida: grabó un programa musical, acudió a la Comay en vivo, dio conferencia de prensa, fue a la radio y nos concedió una entrevista exclusiva para *Ventaneando*, por lo que supuse que, para las diez de la noche, sólo tendría ganas de darse un buen masaje en los pies (estuvo todo el día encima de un par de altísimos y carísimos zapatos), irse a la cama y jugar un rato con sus dos perritos chihuahua, eternos y fieles acompañantes, pues al otro día tendría que viajar, en punto de las seis de la mañana, rumbo a Aspen. Para mi sorpresa no fue así; de pronto me dijo:

—Chapoy, vámonos a celebrar el Día de San Valentín.

Accedí, sólo que yo sí me cambié los zapatos por tenis.

Los y las fans se habían quedado en algún lugar, porque esa noche sólo estábamos con el matrimonio Mottola, Randy su representante, Milly Cangiano, periodista boricua, y yo. Cenamos en un lugar hermoso, justo a la orilla del mar; la noche era como mandada a hacer: el cielo inundado de estrellas, con la luna a todo lo que daba, la brisa suavecita, de ésas que te quitan el calorcito y te refrescan y una cena como para chuparse los dedos.

Me la pasé realmente embobada, disfrutando al matrimonio Mottola; con tan sólo rozarse o mirarse se dicen todo, lo cual en un instante echa por tierra todos los rumores de sus múltiples separaciones, disgustos y divorcios. Basta estar frente a ellos. No hace falta preguntarles nada para atestiguar que lo suyo es amor: así de sencillo, así de complejo. Por ejemplo, para disfrutar la noche, ordenaron sendos martinis; al centro de la mesa varios platillos de degustación *thai*. Thalía pidió camarones *mahi mahi* y a cada mordida sonreía y sonreía.

Entre platillo y platillo nos compartió su historia de amor:

—Grabando mi primer disco como solista en Nueva York, estaba muy aburrida y le pedí a mi productor, Emilio Estefan, que me hiciera una cita con algún amigo suyo para salir a tomar una copa, no a cenar, porque si no me gustaba, lo cortaba rápido. —Esto fue hace siete años. Tras el romanceo y en el mismo momento en que Thalía sintió el latido de su corazón, no lo pensó dos veces—: Empaqué siete maletas, cargué con mis perros y abordé el primer avión a Nueva York. Vivimos juntos cuatro años y después decidimos casarnos. Ya cumplimos tres años.

Contagiado por la risa de Thalía y ante su petición expresa de contarnos cómo recuerda ese día, él toma un cuchillo de la mesa, lo sostiene de pie con una mano y, con la otra, le coloca encima una servilleta larga emulando a la figura de su mujer cuando llegó a Nueva York, flaquísima y con una inmensa cabellera. Soltamos una buena carcajada.

Si le preguntas cien veces lo mismo,
cien veces responde

Días después, Thalía llegaría a México tan fresca como un ramito de margaritas cortado al amanecer con la misma disposición, con esa sonrisita que apuesto que no la abandona ni cuando duerme. ¿Cómo le hará?

Otra duda que tenía era si se prepara para enfrentarse a periodistas, locutores y comunicadores porque, la verdad sea dicha, no salimos de las mismas preguntas alegando que «eso es lo que se dice», «esto es lo último», «a mí no me lo ha respondido». Al estar de promoción, a eso se expone: los novatos, en su afán de sobresalir, la sorprenden con preguntas impertinentes; los veteranos buscamos la nota de ocho o, de perdis, la noticia detrás de la noticia sometiéndola al mismo interrogatorio pero con palabras diferentes.

Ella, esté donde esté, responde a cuanta pregunta se le hace, no existen los temas prohibidos y creo que sabe de sobra que su menudita persona da mucho material y que con frecuencia está en el ojo del huracán aun cuando sean nimiedades, como aquel asunto de la cirugía para quitarse las costillas flotantes para lograr la cinturita que luce y dejando a un lado el que se ejercita continuamente y practica yoga.

Pero así es Thalía, generosa con los medios, y si se le pregunta cien veces lo mismo, cien veces responde.

Ari Telch: un acto de fe

El éxito de la telenovela *Mirada de mujer* no tuvo precedentes y provocaba reacciones en el espectador, ya que se vive el efecto del espejo, es decir, nos vemos reflejados en sus experiencias y conflictos. En aquel julio de 2003, Ari Telch y su personaje, Alejandro Salas, provocaba diversas reacciones entre las mujeres mexicanas: unas daban cetro y corona por tener un hombre así a su lado; otras deseaban aventarlo al metro con la intención de que fuera triturado; la gran mayoría no entendía cómo era posible que María Inés (Angélica Aragón) lo tolerara. El amor o el odio hacia un personaje de televisión radica en lo fácil que resulta, desde la fantasía, canalizar nuestra propia frustración. Es mucho más fácil aventar a las vías del tren a Alejandro Salas que decirle a nuestra pareja que la relación terminó.

Así, en ésa época, unos amaban y otros odiaban a Ari Telch, mientras yo lo admiraba. Me gusta su estilo desenfadado, su asombrosa versatilidad en una carrera por demás fructífera. «Oso», como lo llaman sus amigos por su cuerpo velludo, da continuamente de qué hablar y, aunque es selectivo, siempre está dispuesto a hacerlo.

Aquella vez que platicamos, tras la develación de placa de las 200 representaciones, en el Foro Shakespeare, del monólogo *Contratiempo,* hablamos sobre el amor: «El amor, Pati, me ha herido de muerte. He pecado muchas veces del mismo mal. Lo he padecido, vivido y propiciado engaños. No sabes cuánto amor y cuánto daño. Algunos se jactarían, pero a mí me apena promediar un amor al año. Ahora me ocupo en aprenderme a amar a mí mismo, a mi 'oso' que soy».

La primera vez que se enamoró fue en la primaria; cuando vio a su compañerita Dafna, una pelirroja brillante a la cual recuerda, incluso, haberle escrito cartas. Su primer amor fue a los diecisiete años, Susy, un año menor que él, y después de siete años de noviazgo se casaron, matrimonio que duraría apenas seis meses porque lo engañó, no soportó la idea de que escogiera ser actor y no dentista (aunque estudió la carrera): «Lloré, lloré y lloré... luego me recuperé. Mis decepciones amorosas se las confío a mis hermanos: Jacobo y Nathan, principalmente, aunque a veces hablo con Verónica, la menor. Jacobo era un psicofisiólogo de gran prestigio que publicó más de cincuenta libros; nuestra relación era mágica, siempre curó mis heridas, con meditaciones, con limpias, con su sabiduría. Hoy llena mi vida Marcia. Siempre será punto y aparte, aunque no sé si pueda conservarla; no sé cómo alimento este amor que siento por ella: me la mienta, se la miento; este amor es un ejercicio diario de paciencia, de tolerancia, un acto de fe».

Evangelina Elizondo:
fortalecida tras la pérdida

La vida de doña Evangelina Elizondo (Mamá Lena en *Mirada de mujer*) no ha sido sencilla. Con pasos firmes y seguros, sin embargo, la ha ido transformando y enriqueciendo. Es, diría yo, una tipaza a la que hay que disfrutar. Y es que Evangelina ha permeado a Mamá Lena y viceversa. Ha logrado tal capacidad de escucha que puede decirnos lo que quiera, como quiera, siendo lo más valioso el que nos permitimos oírla.

La recuerdo en un par de ocasiones. La primera de ellas aquella en que, tras perder a su primer nieto siendo un jovencito, con un dolor insoportable, para mantenerse en pie y tratar de encontrar respuestas a sus preguntas, se presentó ante el rector de la Universidad La Salle pidiéndole ser admitida como alumna en la licenciatura en teología, aun cuando no tenía sus papeles en regla, pues lo que buscaba era estudiar la ciencia que hablaba de Dios, saber si éste existía, pues estaba comenzando a dudar y no quería hacerlo. Por supuesto, terminó sus estudios fortalecida.

En otra ocasión, mientras estaba en el estudio de *Venta-*

neando, ante un comentario de que en nuestro país debería existir la pena de muerte, con su aplomo característico, ése que sólo da la madurez, contestó que quiénes éramos para disponer de la vida de otro ser humano. El silencio se apoderó del estudio y doña Evangelina nos dio una cátedra de derechos humanos.

Tiempo después coincidiríamos en una fiesta de TV Azteca. Entre un mundo de políticos, financieros y personalidades del espectáculo, dado que es un agasajo platicar con ella, me senté a su lado. Pronto llegaría Andrés Roemer a hacernos compañía y entre risas, como niña chiquita, recordó su participación en *Entre lo público y lo privado:*

—Hice reír mucho a Cuauhtémoc Cárdenas; le dije que era tan feo que cada que salía en la tele asustaba al público y que, como espantaba al electorado, por eso no ganaba las elecciones; a Francisco Labastida también le hice ver su suerte, lo interrumpía a cada rato e incluso le pregunté si estaba sordo, ya que le preguntaban una cosa y él contestaba otra.

A nuestras espaldas se encontraba la mesa del entonces jefe de gobierno en el Distrito Federal, Andrés Manuel López Obrador. Al darse cuenta, Mamá Lena pegó tremendo grito:

—¡Mira a quién tenemos detrás de nosotras, es Andrés Manuel López Obrador! —y sácatelas, que le zarandea un hombro y lo saluda con tal efusividad que AMLO dejó de lado su conversación para escuchar a Evangelina mientras ella, sin soltarle la mano, le explicaba—: Soy la abuelita de la tele, Mamá Lena. Lo felicito porque llenó de flores el Paseo de la Reforma; desde el gobierno de Ernesto P. Uruchurtu nadie lo arreglaba. Qué bueno que usted nos salió trabajador y responsable. Ojalá y todos fueran como usted; hasta ya me está gustando su partido: pero, por usted, que le quede claro.

A este gesto, AMLO respondió agradecido con una sonrisota.

Evangelina se dirigió entonces hacia mí:

—¿A ti quién te gusta para presidente?, ¿verdad que no hay quién? No sé si AMLO sea el ideal, pero al menos se nota que está trabajando.

Yo ya tenía el cuello torcido y lo que lamento es que me fue imposible preguntarle a Andrés Manuel si era verdad su noviazgo con Ana Colchero pues, aunque ella lo comentaba sin empacho, quería confirmarlo. Ya ve usted cómo es una de terca.

El Divo de Juárez

Hace más de treinta años que Juan Gabriel es el pretexto ideal para mandar a volar las inhibiciones. Todos, absolutamente todos: niños, viejos, flacos, jóvenes, gordos, guapas, panzones, desaliñados, machos, sombrerudos, encopetadas, pobres, magnates, adineradas, obreros, *yuppies,* maestros, se dan cita en sus conciertos y ¡a mover el trasero se ha dicho, a dar rienda suelta a la hormona, al diablo con normas y etiquetas! Tampoco importa si es hasta adelante con precios preferenciales, o atrás en la más lejana tribuna, en los palcos, o incluso desde la calle, lo importante es estar ahí, con el Divo de Juárez. Lo comprobé en noviembre de 2003 cuando en un nuevo recinto regiomontano los asistentes bailamos al son que él nos cantó. Sólo él es capaz de mover y remover a las masas de tal forma.

Supongo que Juan Gabriel, cuando era chiquito y paseaba por la plaza de Parácuaro, Michoacán, ni lo soñaba; que sus hermanos nunca entendieron el torrente de creatividad que hervía por todo su cuerpo y que por eso su mamá se vio en la necesidad de internarlo en una correccional para menores en Ciudad Juárez: porque no podía más con la inquietud del más pequeño de sus cinco hijos, pero estoy segura que doña Victoria tampoco supo el bien que le hizo con ese encierro a su hijo, pues fue ahí donde el joven Alberto Aguilera conoció a don Juan, un artesano que le abrió la primera puerta para desarrollar su talento musical de una forma por demás elemental, pintándole en un trozo de madera las teclas del piano para enseñarle las notas musicales. Así, al salir de la correccional, Alberto regresó a casa de su madre, en Ciudad Juárez, y se convirtió en Adán Luna, el nuevo cantante del centro nocturno Noa Noa.

Alberto decidiría venir a México. Sin conocer a nadie, pasó su primera noche en una banca de la Alameda y conoció a una *vedette* que circulaba por ahí rumbo al trabajo y lo invitó a una fiesta en su casa. Quizá la fiesta no estaba muy divertida o el cansancio del joven era demasiado, pues cayó como tabla en la primera cama que tocó, sueño que fue interrumpido por la policía y que tuviera como consecuencia fatal que él volviera, ahora en la capital, a la cárcel por espacio de un año. Y es que, al parecer, la hospitalaria joven era amante de un judicial que traficaba algún tipo de sustancia.

Otra vez el encierro, otra vez la soledad y la impotencia. Su buena conducta y seguramente ese encanto tan especial consiguieron que el director de la cárcel, un militar apellidado

Puentes —padre de un niño que hoy conocemos bien como Andrés Puentes, ex marido de la cantante Tatiana—, tuviera misericordia de su caso, dejándolo en libertad, más que nada, por su inocencia. La historia de Alberto Aguilera podría seguir a lo largo de muchas páginas hasta llegar al año 1971, cuando salió *No tengo dinero,* su primer disco, y donde naciera, finalmente, Juan Gabriel.

En ventas, popularidad y permanencia, Juanga ha resultado un fenómeno desde sus inicios. Parece tocado por el dedo divino, con un imán que atrapa, convence e hipnotiza a la masa. Ha escrito cientos de canciones y por ello no puede ofrecer un concierto de menos de tres horas, a tal grado que, incluso, él ya no necesita cantarlas: basta que suenen los primeros acordes de alguna de sus canciones para que el público lo haga por él, o que sugiera un paso de baile en el escenario para que la gente baile con él o que diga «Gracias por cantar mis canciones» para que el mundo se rinda a sus pies. Es por eso que no da entrevistas ni asiste a programas televisivos; no da conferencias de prensa ni giras de promoción; tampoco cumple compromisos de la disquera ni concede sesiones de fotos para portadas de revista: no le gusta y no lo necesita. Su filosofía de vida está sustentada en la composición y la interpretación, no en el lucro con su imagen y vida privada.

Juan Gabriel es posiblemente uno de los compositores más prolíficos del mundo. No ha necesitado salir de su casa para poner en voz de los más populares cantantes de habla hispana sus canciones. Ahí están los discos de Rocío Durcal, Isabel Pantoja, Lupita D'Alessio, Plácido Domingo y Lucha Villa, entre otros; o los de Paul Muriat y Paul Anka, quienes en la Unión Americana y en el Viejo Continente cantaron sus canciones.

Tengo que presumir, aunque suene pedante, que si alguien conoce la vida pública y privada del Divo de Juárez es una servidora, lo cual al final de esta historia no me servirá de mucho, porque la última vez que le solicité una entrevista Alberto simplemente me contestó:

—Si alguien conoce mi vida, eres tú, para qué quieres que te la vuelva a contar.

En esta ocasión le contesto:

—Pues para que me expliques cómo regresas a tu camerino y qué es lo que ves en el espejo después de poner las emociones a flor de piel en miles de personas; para que me expliques dónde están tus emociones; para que me cuentes dónde has estado todo este tiempo.

Gracias, Talina, por la enseñanza

El nacimiento de José Emilio Fernández Levy produjo cambios drásticos en la vida de su madre, Mariana Levy. Su matrimonio con José María Fernández la había llenado de nuevas expectativas y obligaciones, entre éstas dedicarse de lleno al cuidado del recién nacido —a quien pronto bautizó amorosamente como «El coconete»—, y también al de sus dos hermanitas, Paula y María, esta última fruto de su unión con Ariel López Padilla. Del tercer y último embarazo de Mariana me enteré cuando todavía ni siquiera se le notaba, por boca de Talina Fernández, a quien la llegada de un nuevo miembro de su clan siempre la pone loca de contento. Casi brincando en un pie me dijo:

—Pregúntale, pero no le digas que yo te dije porque luego me regaña por bocona...

Talina y Mariana siempre fueron uña y mugre, se llevaban de a cuartos; la suya no era una relación convencional de madre e hija, sino de dos entrañables amigas que se confiaban todo: trabajaban juntas, viajaban juntas, vivían juntas.

Por eso me extrañó, como a casi todos los que habíamos sido testigos de su extrema cercanía, que Mariana no le hubiera hecho a su madre un retrato más fiel del hombre con el que se había casado, y todavía me pregunto si la propia Mariana lo conocía del todo. Se llevó el secreto a la tumba.

Su muerte fue atroz en todos sentidos, sobre todo por la forma en que ocurrió: el paro cardiorrespiratorio que cegó su vida no fue una coincidencia, sino el resultado del terror que sintió al pensar que ella, sus hijos y los niños que los acompañaban fueran lastimados por un delincuente que, en su afán de robar un carro, joyas o un vulgar teléfono celular, se llevó la vida de una joven en plenitud.

Todavía no me explico cómo esa mañana siniestra Talina tuvo fuerzas para acudir al lugar en el que su hija agonizaba. Yacía tendida en el piso helado de un hospitalito pediátrico. Los médicos ahí no pudieron hacer nada cuando José María llegó con ella en brazos mientras la horda de niños asustados gritaban dentro de la camioneta.

El relato que María José, la hija mayor del hoy famoso «Pirru», hizo a *Ventaneando* sobre ese día refleja el dolor, el espanto, la desesperación en que quedaron todos los seres que amaban a Mariana. Contó que María, al ver que su mamá no volvía en sí, fue la primera que percibó la tragedia que se avecinaba. «Mamá, no te mueras, te prometo que ya me voy a portar bien», gemía. En cambio, María José estaba segura: Mariana no podía morir, no era posible que muriera, no podía irse así, tan de repente, la mujer que más que madrastra era su amiga.

La noticia —difundida a través de múltiples medios de comunicación— fue devastadora para todos, no sólo porque Mariana era una figura sumamente querida por el público, sino porque un suceso así nos reitera lo vulnerables, lo frágiles, lo débiles que somos frente a un fenómeno tan fuera de control como la delincuencia.

El dolor de Talina nos dolía a cada quien... Todavía en *shock* me preguntó:

—¿Por qué ella, si la que debería estar muerta soy yo...?

Tiempo después, con todo lo que se vino —incluida la insólita revelación de que su yerno sostenía un romance con Ana Bárbara—, le pregunté cómo le hacía para levantarse y afrontar su vida y me contestó con cierta timidez:

—No lo sé...

La última vez que vi a Mariana fue en el *baby shower* de la primogénita de Daniela Castro: siempre amable, atenta, amorosa. Platicamos de su familia y de los momentos felices que vivía. Y hoy todavía la recuerdo así, plena.

Tocar en televisión el tema de su muerte siempre me ha resultado muy delicado, porque se trata de una figura pública y querida, porque su mamá también lo es y cualquier comentario fuera de lugar puede ser ofensivo e insensible. Y ¿quién que tenga un poco de sensatez y conciencia quisiera hacer más grande el sufrimiento de una mujer que de pronto, entre sus brazos, vio cómo la vida de su hija se apagaba?

Admiro a Talina por la entereza con que se ha sobrepuesto a un dolor tan profundo, pero también por la disposición que siempre ha mostrado para atender a la prensa, de la que soy parte. Los reporteros no siempre somos prudentes y a veces olvidamos el vía crucis por el que una persona atraviesa. No pensamos en cómo nos gustaría que nos trataran si fuéramos nosotros los entrevistados, los protagonistas de un drama de esta naturaleza.

Con Talina creo que todos deberíamos aprender a respetar más la tragedia ajena y a sentir que su dolor es también el nuestro.

Gracias Talina por el ejemplo, gracias por la enseñanza.

GAJES
del oficio

Cri-cri en *Siempre en domingo.*

En Viña del Mar, Chile, entrevistando a Raphael.

Entrevistando a Manuel Alejandro, 1986.

Con Julio Iglesias
en Nueva York.

Luis Miguel, Discos WEA.

Con Juan Gabriel, en la inauguración de SEMJASE, casa hogar que mantiene con su dinero en Ciudad Juárez.

Con don Rodolfo Morales, pintor oaxaqueño que restauró varios conventos con dinero de su fundación, 1997.

Con Blanca Sánchez y Paco Stanley, cubriendo a Raúl Velasco en *Siempre en domingo*.

Con Lucía Méndez en el primer programa de espectáculos de TV Azteca, *En medio del espectáculo*.

Con Ricky Martin.

Con Jacobo Zabludovsky en su primera aparición en TV Azteca.

Con Salma Hayek en 1996.

Con Ricardo Salinas Pliego,
en un aniversario de *Ventaneando*.

Con Juan David Burns y Andrés García en la presentación
de la telenovela *Con toda el alma*.

Con Ari Telch, su esposa Marcia y su hija
en momentos felices de su matrimonio.

Con Olivia Collins y Alejandro Camacho.

Juan José Origel, Martha Figueroa, Pati Chapoy y Pedro Sola,
en la primera foto oficial de *Ventaneando*.

Con el elenco de la telenovela *Los Sánchez*:
Luis Felipe Tovar, Martha Mariano Castro, Alejandra Ley,
Víctor García, David Zepeda y Magali Boyselle.

Con Enrique Guzmán.

Con Tania Libertad, que
llegó de sorpresa
a *Ventaneando* en un
cumpleaños de Pati.

Con José Ramón
Fernández, Brozo, Lucía
Méndez, Omar Fierro,
Pedro y Aurora celebrando
un fin de año en
Ventaneando.

Yuri visitando el estudio
de *Ventaneando*.

Con Abraham Zabludovsky,
la primera vez que visitó
TV Azteca después de su
renuncia a Televisa.

Con Rubén Omar
Romano en la primera
entrevista en televisión
después de su secuestro.

Eugenio Derbez visitando el foro de *Ventaneando* aún trabajando en Televisa.

Álvaro Cueva
presentando la
edición de su revista.

Con Irma Serrano «la Tigresa».

Con Raúl Velasco.

Con Sergio Sarmiento.

Con Humberto Zurita.

Daniel Bisogno, Mónica Garza, Pati, Adriana Esteva y Aurora Valle,
en un aniversario de *Ventaneando*.

En el foro con los integrantes de OV7: Mariana Ochoa, Lidia Ávila, Balia, Ari y Érika.

Con Yahir, de la primera generación de
La Academia.

En *Ventaneando Millonario*, en el que TV Azteca regaló tres millones de dólares,
aquí con Pedro Sola, Martha Figueroa y Álvaro Cueva.

Celebrando un
Día de Muertos en
Ventaneando.

Con Marta Sahagún entrevistándola en un programa
dedicado a la mujer.

Con Felipe Calderón, Roberto Madrazo y Jorge Castañeda haciendo campaña
para la Presidencia de México.

Garbanzos de a libra

No encuentro otra palabra que no sea estupidez para definir la toma de decisiones de algunos productores y ejecutivos de televisión en torno a un conductor para determinado programa. A veces me dejan pasmada. He escuchado cada propuesta que mejor me lo tomo a broma; de lo contrario, estaría recluida en un psiquiátrico en estado catatónico. Así que me limito a escuchar y a repetirme para mis adentros que es un mal chiste. Pero, ¿cómo le alegas a un mercadólogo que vendía jabones (y ahora trabaja en la tele) que el cuentachistes simpático que vio en una convención no es el conductor adecuado para la entrega de los Oscares? Está en chino mandarín.

Se pone mejor cuando quieren a una mujer de conductora: de pronto, dicen, las que están en el mercado «ya están muy vistas»; quieren a la mujer perfecta: alta, sensual, guapísima, cabello largo, tan inteligente que deje muda a la Hillary Clinton, con tal carisma que se nos olvide que existió Lady Di y que además sea experta en el tema a tratar en el programa; desde luego, que hable con tal fluidez a la cámara que nos cautive

81

con su tono de voz, logrando que el público no se despegue del televisor; puntual, reservada, cero conflictiva y que acate todas las órdenes. Me quedo constantemente con la pregunta en la punta de la lengua: y la nieve, ¿de qué la quieren? ¿De plano son tan inocentones que piensan que uno va al supermercado y pide tres conductores de musicales, dos de noticias, uno infantil y otro de social?

Sigo sin entender cómo es que no les cae el veinte que un conductor come aparte. No es un actor que actúa de conductor ni es un cantante que la hace de conductor ni un comediante que se entretiene de conductor. Es un comunicador que logra entretener, divertir, interesar; a veces cómplice; otras, consejero. Alguien en quien se confía y logra captar la atención del público no sólo con lo que dice sino por el cómo lo dice. Se vuelve el compañero imprescindible del televidente. De cualquier forma, un conductor es una persona de carne y hueso que debe transmitir pasión, agregándoles una buena dosis de carisma y estudios, elementos difíciles de conseguir. Cuando por fin se han encontrado, mantenerlos al aire es un triunfo, pues comienza entonces la batalla con algunos ejecutivos y su empeño de tener caras nuevas en pantalla.

Así, cuando ya pasaron por mucho, lucharon y se mantienen en pie de guerra, empiezan a sonar nombres como Marco Antonio Regil, Alan Tacher, Mónica Garza, Adal Ramones, Rocío Sánchez Azuara, Facundo, Laurita Flores, Daniel Bisogno.

Está la otra cara de la moneda: cuando se tiene un garbanzo de a libra y se le quiere exprimir hasta la última gota. Tal es el caso del periodista Armando Guzmán; como corresponsal de guerra era un gran acierto hasta que a alguien se le ocurrió traerlo a México y encerrarlo en un estudio. Hizo un buen trabajo, pero nada del otro mundo, y lo desaparecieron de la pantalla. Ahora que queremos verlo como corresponsal de guerra, no lo contratan. Entonces, ¿quién los entiende?

Los conductores sortean constantes pruebas de fuego. Una más es el tiempo, la edad. Es increíble que con tan sólo veintiocho años Karina Velasco no tenga trabajo, o que no llamen a una Marintia Escobedo. Claudia Córdova trabaja de publirrelacionista en un hotel de Acapulco y Rosa María de Castro es mamá y esposa de tiempo completo, sin importar el trabajo, el esfuerzo personal y el tiempo que les llevó formarse como verdaderas profesionales en su área.

Expuesto el panorama, ¿alguno de ustedes quiere ser conductor o comentarista en la televisión?

El corresponsal de guerra

¿Qué será lo primero que pasa por la cabeza de un reportero cuando le proponen que cubra una guerra?

Además de la adrenalina que supone el riesgo de convertirse en corresponsal de guerra, supongo que un periodista lanza las campanas al vuelo y siente que le dan una esmeralda de la corona; es la enorme oportunidad de ejercer su profesión en un momento único que se desarrolla justo entre la vida y la muerte. Cubrir una guerra no sólo es saber que los ojos y oídos del mundo estarán pendientes de él, o ella; de su trabajo, de qué informa y cómo lo hace, sino que se redimensiona su labor al tener la posibilidad de movilizar y generar conciencia entre el público que lo sintoniza y al que se mantiene conectado por la empresa y el canal que lo envía.

Parto de la idea de que a quien se le envía a la guerra es un periodista de cepa, de hueso colorado, que se ensucia las manos ante la máquina de escribir o el teclado de la computadora; de los que sueñan y luchan por conseguir la noticia de ocho columnas todos los días; de los que, si no tienen medios para trabajar, los consiguen; aquellos que buscan dar resultados sin exigir reconocimiento; esos que siempre traen entre ceja y oreja estar, a costa de lo que sea, en el lugar de los hechos y ser parte viva de los capítulos de la historia que se escribe. De su capacidad para sorprendernos, ya sea con su valor, sobriedad, manejo de emociones o punto de vista, dependerá luego que el riesgo al que se enfrentan sea capitalizable, al ser reconocidos y señalados como figuras confiables con gran credibilidad, valor esencial que persiguen los periodistas más connotados. En una guerra se viven numerosos hechos simultáneos. No se da en un solo lugar y afecta tanto al territorio en el que sucede como al mundo en general. ¿Qué tierra se elige para trabajar? ¿Qué vivencias a transmitir, qué contar? ¿A quién darle voz: a vencedores o a vencidos? A ambos. De ahí lo lamentable, por ejemplo, en la invasión a Irak por parte de Estados Unidos o la guerra que acaba de estallar entre Israel y Líbano. Las coberturas son inmisericordes. Escuchamos en los diferentes medios historias que invitan a la reflexión en torno a la avaricia, la agresión, la barbarie humana. Los rostros de la guerra, sus futuras consecuencias, y sea esto, quizá, apenas el principio.

Justificado o no, del otro lado de la información, los espectadores nos sentimos con derecho de opinar y evaluar el trabajo de los corresponsales de guerra. A veces, de forma despiadada criticamos su proceder y somos incapaces de analizar las circunstancias bajo las cuales cumplían con su trabajo. ¿Alguna vez nos preguntamos qué hacían —y hacen— con el miedo? ¿Qué sienten, qué piensan? Seguramente, más de una vez sufrieron la angustia de morir, de caer presos, de salir lesionados en su búsqueda de la noticia. No hay que olvidar que los valientes temerarios sólo son personajes de película. Ser corresponsal de guerra conlleva también un impresionante olfato, el desarrollo del instinto de supervivencia.

Quizás por ello que me molestaron las comparaciones a la ligera tanto en los medios como de manera cotidiana de aquellos que se jugaron la vida en la cobertura de la invasión a Irak: Eduardo Salazar, Hannia Novel, Joaquín López Doriga, Adriana Valassis, Javier Alatorre, Gabriela Reséndez, Víctor Hugo Puente, Alberto Peláez, Gregorio Meraz, José Luis Arévalo y los camarógrafos, estos héroes desconocidos; para todos ellos, como lo hice en su momento, hoy refrendo mi reconocimiento y admiración por ejercer su profesión en momentos insoportables, con olor a muerte, entre lamentos de heridos y visión de mutilados, por caminar rozando la tristeza de los huérfanos.

El espectáculo y sus trampas

Es increíble. De pronto comenté cómo se las gastaban algunos artistas para hacerse publicidad y me cayeron múltiples ejemplos, tristemente, no todos provocados por las figuras del espectáculo sino en pleno contubernio con periodistas. Un caso que más llamó mi atención fue aquel en julio de 2003 en torno a la relación amorosa entre Ninel Conde y José Manuel Figueroa.

La historia fue así: un reportero, a quien más valdría llamar incendiario, se puso de acuerdo con la en aquel entonces desconocida Paty Muñoz, para que hiciera lo posible para encontrarse en un lugar público con José Manuel Figueroa. Así, se acercaría el incendiario, cámara en mano, y obtendría una nota ya fuera de infidelidad o de rápido consuelo tras su ruptura con Ninel Conde.

Afán de protagonismo, tratar de darse a conocer, creer que uno se gana un lugar como periodista a bote pronto, son algunos de los motivos que llevan a los incendiarios a actuar de esa manera. Asimismo, habría que agregar, una falta total de ética, pues no conforme con su plan, tuvo la desfachatez de buscar a Ninel y enseñarle el video; ella no cayó en su juego, le cerró la puerta en las narices y buscó a Figueroa. Aunque la pareja hizo las pases, Conde tuvo que calmar a Figueroa, quien no tenía más que unas infinitas ganas de romperle la cara al incendiario.

Aquélla fue una trampa redondita. La Muñoz saldría beneficiada por la publicidad, pero, ¿valía la pena? A esta clase de personas no les importa su reputación sino, a partir de su corta visión, el instante de fama, aun cuando ella sigue diciendo que Figueroa la ha buscado en numerosas ocasiones y esa vez aceptó. Entonces sucedió lo que sucedió. Lo dramático es que a veces los medios de comunicación caemos también y les seguimos el juego en un acto de facilismo más que de olfato periodístico.

El público no se chupa los dedos. Eso es lo que debieran entender los jóvenes periodistas que incursionan en la fuente y que no la tienen fácil, pues algunos se topan con ¿editores? sin escrúpulos y se vician. Por ejemplo, en lo personal, le caigo mal a la editora de una revista de espectáculos, y si resulta que aparezco en una foto que ella quiere publicar, me desaparece e incluye a otras personalidades, gracias al *photoshop*. ¿Facilísimo armar una noticia, no?

Fernando Pistolas.
El 14 de agosto no se olvida

El 14 de agosto de 2003 ocurrió la agresión más grave, grotesca e injustificada que un artista haya permitido sobre periodistas de espectáculos: Fernando Guzmán López, miembro de la Policía Bancaria e Industrial del Distrito Federal, escolta de Lucero, inesperadamente sometió a más de una treintena de periodistas, camarógrafos y reporteros gráficos a punta de pistola en el interior del Teatro San Rafael. Este acto y sus consecuencias, condenadas por muchos, aplaudidas por otros y evadidos por algunos medios, fue la síntesis de la violencia que, día a día, ejercen las estrellas, sus familiares, abogados, asistentes y *managers* contra los periodistas de espectáculos, básicamente los televisivos, gremio erróneamente calificado de banal, nunca reconocido y señalado por los famosos como ultraamarillista.

87

En la última década, el periodismo de espectáculos en México cambió drásticamente. Dejó de ser complaciente con las estrellas. Ya no sólo informaba sobre lanzamientos, estrenos o discografía reciente, sino que comenzó a denunciar y a dar seguimiento a los escándalos —personales y judiciales— protagonizados por las celebridades, quienes no son ningunas peritas en dulce y agreden física y verbalmente, dañan a terceros, amenazan a propios y extraños, incluida la prensa, muchas veces bajo los efectos del alcohol y las drogas.

Quiero reconocer públicamente a estos periodistas. Mi propio equipo de trabajo, quienes, exponiéndose, han evidenciado dichas actitudes de manera profesional. Usted no conoce sus rostros pero sus trabajos de investigación les han valido el prestigio, respeto y credibilidad; exclusivas, entrevistas e incluso acceso a investigaciones judiciales que, al día de hoy, marcan pauta en el periodismo de espectáculos nacional:

Rosario Murrieta y Laura Suárez, mis pilares, mis pesos completos. Ellas representan las personas más visionarias, entusiastas, comprometidas y competitivas dentro de la fábrica de espectáculos a mi cargo en TV Azteca. Egresada de la carrera de ciencias de la comunicación de la ENEP Acatlán, Rosario Murrieta tiene sólo treinta y siete años de edad y posee una trayectoria de diecisiete años dentro del periodismo de espectáculos; fue editora de la sección de espectáculos del diario *Novedades,* hoy fuera de circulación; comentarista de los programas radiofónicos *El canto del Gallo,* con Juan Calderón, y *Café Regis* de ABC Radio; corresponsal de la estación la Zeta de San José California y, desde 1998, es gerente de información de *Ventaneando.* Nunca descansa. Su jornada comienza a las diez de la mañana y concluye a la una de la madrugada; no obstante, siempre se muestra amable, dispuesta y atenta para con su equipo de asistentes y reporteros, a los que dirige y apoya totalmente.

Laura Suárez se distingue por un carácter sumamente temperamental y justiciero; el ejemplo de que la constancia rinde investigaciones periodísticas de alcance judicial. Es egresada de la carrera de comunicación en la Facultad de Ciencias Políticas y Sociales de la UNAM. Ganó su primer premio en la modalidad de cuento a los seis años de edad; en 1991 obtuvo el Premio Nacional de Periodismo Juvenil en la modalidad de reportaje. Bajo su dirección, *El ojo del huracán* obtuvo el galardón *Generación 2002* como mejor emisión periodística de espectáculos; en 2003, Laura recibió el Premio Quetzal por su trayectoria periodística en TV Azteca. Se inició en la agencia APRO de la revista *Proceso,* trabajó también en *Novedades* y, desde 1997, en *Ventaneando* y *El ojo del huracán,* donde su trabajo como periodista, guionista y gerente de información le ha ganado ya el ser productora. A sus treinta y cuatro años de edad, ha hecho ver su suerte a personajes como Laura Bozzo, Jorge Salinas, Enrique Iglesias, Alejandro y Vicente Fernández, entre muchos otros. Su trabajo le ha valido infinidad de agresiones físicas, la más grave en la rodilla: le ocasionaron un esguince y durante cinco semanas tuvo que usar rodillera y someterse a tratamiento ortopédico.

Laura (junto con Rosario Murrieta y Jesús Cisneros) encabeza desde noviembre de 1997 la investigación periodística más profunda sobre el clan Trevi-Andrade, trabajo por el cual ha tenido que interponer dos denuncias en Brasilia por agresiones y difamaciones en contra de Gloria Ruiz. Su trabajo ha servido de motivación y guía para Ivonne Chávez y Carla Oaxaca, otrora periodistas de *El ojo del huracán,* quienes a sus veintinueve años ya habían realizado polémicos e irrefutables reportajes sobre el pasado inédito de Galilea Montijo, el cuestionable oasis turístico de Roberto Palazuelos, el presunto abuso sexual de Cesáreo Quezada «Pulgarcito» y la violencia doméstica de José Manuel Figueroa, por mencionar algunos.

Jesús Cisneros, egresado de la Universidad del Valle de México. Nuestro Chucho, como lo llamamos en la oficina, ha sufrido las llantas de varios famosos sobre sus pies. Tras probarse como locutor, conductor y productor en Radio Mil, ingresó a mi equipo en 1997, desempeñándose en *Caiga quien caiga, Hit popular, Ventaneando* y *El ojo del huracán,* programa donde demostró las tablas aprendidas al llevar a cabo en vivo desde Miami la cobertura especial de los funerales de Celia Cruz. Al igual que él, Jorge Patiño y Susana Heredia han demostrado casta cuando de exclusivas y golpes se trata. El primero es egresado de la Universidad del Valle de México; la segunda representa un caso particular: no obstante que en un primer momento se inclinó por la actuación y egresó del CEFAC, halló en el periodismo de espectáculos su verdadera vocación. Ambos han visto su suerte, nada más y nada menos, que con la temperamental Alejandra Guzmán.

Mención aparte merece Jorge Nieto, jovencito de sólo veintiocho años. Además de ser uno de los más de treinta periodistas que a punta de pistola fueron sometidos por Fernando Guzmán López, fue vilmente pateado por Porfirio Martínez, supuesto novio de la madre de Lucero. El caso de Nieto enternece: siendo originario de Torreón —donde laboraba como asistente, reportero y conductor en TV Azteca Laguna—, se arriesgó a probar suerte en *Ventaneando*. Un buen día llegó y pidió una oportunidad. Se le puso a prueba una semana y está por cumplir cuatro años trabajando conmigo, al igual que Martha Ruiz, egresada de la carrera de ciencias de la comunicación de la ENEP Aragón; con treinta y un años y luego de trabajar en portales de Internet como Umbral y LMI, las revistas *Mi guía* y *Óoorale,* a partir de marzo de 2003 se incorporó a nuestras filas dando seguimiento al accidente del hijo de Merle Uribe, el homicidio imprudencial de aquel extra por parte de Flavio Peniche, así como la cobertura íntegra de la filmación de *Zapata*.

Qué decir de Mónica Castañeda, aguerrida reportera egresada de la Universidad Intercontinental; después de su paso por *Noticias* de Canal 11, llegó a TVAzteca hace nueve años, destacando en programas como *En medio del espectáculo* y *Top Ten,* lo que le valió convertirse en la titular del espacio de espectáculos en *Hechos AM,* al igual que Rafael Sarmiento, titular del espacio de *Hechos* con Lili Téllez y Pablo Latapí.

La lista de reconocimientos terminaría con Alexis Lippert, joven de treinta y ocho años de edad, egresado de la Universidad Intercontinental, con un posgrado en administración y mercadotecnia en la Universidad de Harvard; ingresó a TV Azteca hace ocho años: ha sido asistente de producción en *Ventaneando*, realizador de *Neón Nights,* coordinador de especiales musicales, de cine y, desde hace tres años y medio, productor general de *Ventaneando* y el Estudio de Espectáculos de TV Azteca.

¿Cómo les quedó el ojo? Reitero: El periodismo de espectáculos en TV Azteca se ejerce con profesionales reconocidos. No hay cabida para improvisados ni personal que denosta una profesión que el 14 de agosto de 2003 fue vilmente agredida por una estrellita en decadencia. Que se acuerde: 14 de agosto no se olvida.

Lucero: presa del miedo

A fines de agosto de 2003, el pintor José Luis Cuevas me hizo reír a carcajada batiente al declarar al diario *El Independiente* (hoy, fuera de circulación), y seguramente producto de sus setenta años de edad, que le aplaudía a Lucero su trato a la prensa tras el incidente con su guardaespaldas. Su comentario y actitud al respecto no dejó, por otro lado, de sorprenderme, pues si alguien trata bien a la prensa, con educación e inteligencia, y ha defendido contra viento y marea los derechos humanos, es precisamente el pintor.

Todo cambia. ¿Será que en este cuento soy una reverenda tonta de capirote que debería haber estado *ipso facto* en las oficinas de la PGR, en aquel entonces del generalísimo Rafael Macedo de la Concha, para solicitarle que me surtiera de un pequeño batallón muy bien armado, de chicos guapos y fornidos de la AFI, para andar por la vida ejerciendo mi profesión?

Lo preocupante sería que el ejemplo de la ex Chispita cundiera y los artistas ahora se dedicaran a aventar a sus guaruras para ablandar el terreno. En *Ventaneando* yo puse mi raya. Si llego a topármela de frente haré como que ni la conozco, pues no vaya a ser la de malas que una bala solitaria atraviese mi cuerpecito y yo quiero seguir dando mucha lata por acá.

Los budistas dicen que para aligerar la carga diaria hay que ver la vida como un sueño, así que me puse el traje de Segismundo Freud y me recosté en el diván para analizar el suceso guaruresco en la vida de esta mujer, concluyendo: la percibí muy enojada y me dio la impresión de que no sabía ni quería darse cuenta del porqué. Su carrera va en picada, en caída libre, sin que se haya dado un tiempito para replantear su ruta; además, la soberbia que la desborda no la deja ver claramente el panorama. Ojalá alguien le haya dicho ya que la vida no siempre es color de rosa, que ésta es un ir y venir entre el dolor, el sufrimiento y la enfermedad, siendo nosotros mismos los únicos responsables de lo que vivimos en función de lo que hacemos, decimos o pensamos, y que incluso tenemos derecho a equivocarnos.

Ojalá también alguien le haya abierto los ojos, invitándola a darse cuenta de lo maravilloso que es tomar las riendas de nuestra vida y que resulta muy sano, de pronto, hacer una pausa en el camino y preguntarse si lo que hacemos es lo que realmente queremos hacer, al mismo tiempo que alguien la haya hecho tomar conciencia invitándola a ver el video de aquella conferencia de prensa, no para calificar si hizo bien o mal sino para que observe, en retrospectiva, la mirada de terror que tenía.

En torno al miedo y la intrepidez, habría que recordar las palabras del budista tibetano Chogyan Trungpa, en su libro *Shambhala, la senda sagrada del guerrero,* quien dice que, para

93

poder experimentar la intrepidez, es necesario vivenciar el miedo, que la esencia de la cobardía consiste en no reconocer la realidad del miedo. Así que, hagamos realidad esta metáfora en el pasaje del zafarrancho guaruresco y recordemos que la señora Mijares quería ser intrépida, pero era presa del miedo cuando dijo:

—No se vale, ustedes son muchos contra una sola.

A esto, Trungpa, dice: «Tenemos miedo de no ser capaces de arreglárnoslas con las exigencias del mundo, un mundo que se expresa en la forma de un sentimiento de incapacidad. Sentimos que nuestra propia vida es abrumadora y que afrontar el resto del mundo aun es más abrumador».

Al tiempo, sigo creyendo que lo más patético fue escucharla decir —a sus treinta y cuatro años de edad— que su madre era la dueña de su existencia. ¿Y su voluntad? ¿Tendrá?

Treinta y tres años de «Deportv»

José Ramón Fernández es como una olla exprés encima de una estufa encendida que a veces tiene la flama alta y a veces bajita; eso sí, siempre está prendida y nunca de los nuncas, por muchos ventarrones que enfrente, se le ha visto apagada. Me encanta observarlo, escuchar sus comentarios en las reuniones de trabajo. Tiene la cualidad de romper hielos, relajar las estructuras y meter en cintura a los más templados. Es congruente. Cuando quiere imponer, se pone de pie, lleva sus manos a la cintura y engrosa aún más la voz.

En 2003, durante los festejos del décimo aniversario de TV

Azteca, nuestro presidente, Ricardo Salinas, siempre le agradecía y reconocía su talento, su trabajo, su esfuerzo. Se lo merece, ha mantenido al aire durante treinta y tres años, de forma ininterrumpida, el programa más longevo de la televisión mexicana: *Deportv*. Bajo su dirección se han formado los comentaristas deportivos que hoy alimentan a otras televisoras y radiodifusoras, amén de haber cobijado y creado al equipo de comentaristas deportivos más reconocidos de nuestro país, como son *Los protagonistas*. Además, mantiene de forma impecable el estudio de deportes de TV Azteca, produciendo a destajo, uno tras otro, todos los eventos deportivos que se transmiten por Azteca 13 y 7.

Más allá del talento que José Ramón y sus chicos tienen y de lo estupendamente bien preparados que están, la pasión y entrega que le imprimen a su trabajo hacen que el televidente los siga, los busque. Para él y todo su equipo primero está el trabajo; entre ellos y cualquier otro, la diferencia es notable. Recuerdo sus palabras, claras y contundentes, en el 30 aniversario de *Deportv*: «Hace muchos años llegamos a la televisión con la mirada puesta en el futuro y la mano envolviendo una pasión. Por aquellos días, abrazamos un sueño que nos ha hecho llegar hasta aquí. En TV Azteca transmitimos deportes de una forma diferente: lo hacemos con el corazón. Esto somos nosotros: creatividad, innovación, investigación, periodismo, lealtad, experiencia, conocimiento, análisis, opinión, trayectoria, triunfo, leyenda y victoria. Estamos acostumbrados a dejar el alma en cada satélite y la piel en cada transmisión, nuestro equipo ha sido referente inmediato de pasión, virtud indispensable para convertir a *Deportv* en el recinto de nuestros ideales».

José Ramón, continuaba: *«Deportv* es y será el origen de un grupo que ha consolidado un estilo único, polémico y controversial. Ganador de muchas batallas y creador de una nueva forma de concebir el deporte por televisión que nadie jamás ha podido igualar. Qué sería de la pasión sin el deporte, del deporte sin *Deportv.* Por ello, cada domingo, como aquella tarde de enero de 1974, un grupo de hombres sigue abrazando sus convicciones para salir al aire y gritar con orgullo: '¡Esto es *Depooooortv!'»*

Para cerrar su participación, no dejó a un lado al equipo de *Los protagonistas: «Los protagonistas* también somos un puñado de valientes periodistas, productores y ex deportistas que han hecho de este nombre un himno de entrega al deporte. Para ser protagonista, primero hay que pensar como tal».

Un merecido reconocimiento. El equipo de deportes de TV Azteca ha representado, a lo largo de su historia, un referente inmediato de pasión y gloria; así lo demuestran cada día en cada una de sus participaciones.

Parafraseando a Joserra: hoy, después de treinta y tres años, seguimos aquí con el futuro en nuestras manos.

Las gallinas de los huevos de oro

A partir del 2003, y a primera vista, pareciera que los chicos de *La Academia* se han sacado la lotería. Conforme el tiempo pasa, van apareciendo, teniendo éxito, y todo apunta a que algunos van que vuelan para los cuernos de la luna y otros ya traen pinta de ídolos. También están los que no saben ni qué flauta tocan en la orquesta, pero, sin duda, todos ellos están viviendo un sueño largamente acariciado. De la noche a la mañana y con un mínimo de esfuerzo, vieron cómo el pigmaleón que cargaba cada uno se transformaba.

De ser perico perro, comenzaron a ocupar las primeras páginas de las planas de espectáculos y a llenar los auditorios; firmaron con una disquera sin haber tocado ninguna puerta y sin haber hecho antesala; les grabaron un CD, sin preocuparse mucho si realmente es lo que querían cantar, no opinaron sobre el director artístico y dudo que hayan discutido o aportado sobre el repertorio. A pesar de ello, se convirtieron en grandes vendedores de discos.

Para ellos, aparecer en programas de televisión se volvió algo cotidiano, vestidos como alguien decidió que así debería ser. Se les ve felices e impactados, sobre todo en las firmas de autógrafos y en sus presentaciones personales, donde abarrotan los lugares. En términos mercadológicos esto se puede calificar de exitoso.

A pesar de lo anterior, a ojos de buen cubero, algunos chicos de *La Academia* están metidos en un buen brete: andan tan perdidos como la chinita en el bosque y se escuchan como cantante de bar que imita a José José, Lupita D'Alessio o quien se les ocurra y sea su ídolo, lo cual, como puntada de debut, el público lo puede perdonar, pero que en un segundo disco esto no ocurrirá.

El enorme aparato de *La Academia*, que en su momento fue un parteaguas en el terreno musical de nuestro país, desplazando a los programas de televisión musicales y festivales, con una estructura que impactó por innovadora, y tremendo escaparate de lanzamiento de nuevas figuras, hoy día ve cómo los jovencitos, sus directores musicales y sus disqueras están pisando tierras pantanosas, por lo que sugiero que, si no le han definido a cada uno un estilo, más vale que lo hagan, porque la gallina de los huevos de oro se les puede acabar.

La nota roja nuestra de cada día

No sé si a ustedes les pasa lo mismo que a mí, pero me da pesar ver los noticieros. Debo confesar que, a veces, hasta ganas me dan de llorar, y miren que no ando en mis días ni estoy atravesando por ninguna depresión ni ando así como guácala con fuchila. Tan sólo de verlos de pasadita se me desprenden sentimientos de tristeza al ver tanta desgracia. ¿De plano la humanidad anda tan mal o los productores se han confabulado en sacar lo puro malo o están jugando carreritas a ver quién saca lo peor de lo peor? Hay veces que estoy tentada a ver la tele a través de un parabrisas; es tal el realismo de las escenas que he llegado a sentir que me salpican de sangre.

Sufro al cambiar de canal y, cuando lo hago, la veo de reojo para no caer en el morbo y clavarme en la nota, por ejemplo, de las mujeres asesinadas en Ciudad Juárez: ya van para once años y las autoridades brillan por su incompetencia. ¿Qué sentiría alguno de los agentes de seguridad asignado al caso si una de las víctimas fuera su hermana, o su novia?

En el 2004 me enteré por una abogada del caso que las autoridades gringas le querían entrar al asunto y fueron las autoridades mexicanas quienes lo impidieron. Los gringos dicen, por lo poco que han averiguado, que todo apunta hacia el cine *snuff*: filmación en vivo de películas pornográficas sobre la violación y el asesinato de las mujeres en el momento justo en que ocurren los sucesos y que lamentablemente se venden muy bien en el Oriente.

Cierto es que los noticiarios son para eso, para informar sobre lo que ocurre, pero creo que ya se están pasando sobre el uso y el abuso de los temas harto conocidos de la violencia que azota a nuestro país y al globo terráqueo.

Todos los comunicadores, Pepe Cárdenas, Javier Alatorre, Joaquín López Dóriga, Lili Téllez, Pablo Latapí, Ciro Gómez Leyva, Carlos Loret de Mola, Carmen Aristegui, Eduardo Ruiz Heally, Denisse Maerker, Víctor Trujillo, Ana María Lomelí, Adela Micha, Leonardo Kourchenko, Ramón Fregoso, entre otros, se dan vuelo informándonos todos los días lo que ocurre entre policías y ladrones, entre decomisos y fraudes, entre desarmes y bombas, entre muertos y descuartizados, y creo que la única que se brinca este tipo de información, y por lo tanto resulta un remanso, es la periodista Adriana Pérez Cañedo.

Por eso, cuando el tono de las noticias resulta muy rojo y amarillo, tomo la decisión de ponerme a dieta de información noticiosa y no sólo de televisión, también de la radio. Si los medios de comunicación tomáramos con la misma vehemencia otros temas, digamos, más edificantes, más constructivos, ¿no creen que la balanza estaría más equilibrada? Además, creo que todos tenemos la responsabilidad de construir y reconstruir cada día la esperanza de crear un mundo mejor y más digno de vivir.

¡*Cuánta torpeza!*

¿Qué puede llevar a una persona a estropear su propia vida? La lista puede ser larga y el origen puede ser uno: el enojo que en lugar de atajarlo en cuanto sentimos los primeros síntomas tendemos a alimentarlo hasta convertirlo en rabia que termina por gobernarnos.

A fines de enero de 2004 sentí como si me cayera encima una ducha de agua helada cuando me enteré del fraude cometido a TV Azteca por el joven reportero Alberto Gómez. Un arrebato de segundos le cambió la vida; él mismo le dio un golpe certero a su reputación, suponiendo que no sería descubierto. ¡Cuánta torpeza! Le pareció muy fácil sacar un teléfono de una urna durante el sorteo 01 900 y sustituirlo por el de un familiar radicado en Aguascalientes. Resulta infantil y estúpido creer que este sistema de premiación para beneficio del público de TV Azteca no cuente con múltiples candados de seguridad, además de la pronta y correcta vigilancia de la interventora de la Secretaría de Gobernación, presente en cada sorteo televisivo precisamente para corroborar que todo se lleve a cabo dentro del terreno de la legalidad.

¿Cuándo vamos a aprender los seres humanos que el camino de la honestidad es el mejor y más adecuado, que todo lo que hacemos, pensamos y decimos tiene consecuencias inmediatas, que esas energías que solemos gastar para probar que somos más inteligentes, poderosos, atrevidos, intocables, valientes, vengativos, abusados, tienen como único propósito dañarnos a nosotros mismos y afectan directamente a nuestra familia y entorno? ¿Se detuvo Alberto Gómez a pensar en las consecuencias de este acto? ¿En la repercusión que tendrá en sus papás, sus hermanos, sus amigos? No lo creo. Estemos o no de acuerdo, hay reglas que debemos respetar en las empresas donde laboramos, leyes que cumplir en el país donde vivimos. No podemos ni debemos brincarnos las trancas ni pasarnos de listos porque habrá repercusiones que nos afectarán.

Sucede en todos los ámbitos. Recuerdo, por ejemplo, cuando el ex presidente Carlos Salinas de Gortari se fajó los pantalones y puso orden en materia de impuestos al medio del espectáculo. Aunque la medida se antojaba insospechada, encarceló al cantante argentino Laureano Brizuela y a Lupe D'Alessio por no estar al corriente en sus pagos; además, se giraron auditorías a varios cantantes como Juan Gabriel, Enrique Guzmán, Yuri y José José.

En aquel entonces, Juan Gabriel fue llamado por el secretario de Hacienda, Pedro Aspe, para llegar a un acuerdo, y lo logró, aun cuando el argumento de Juanga era que no iba a pagar porque bastante hacía con mantener su orfanato en Ciudad Juárez y en llevar alegría al pueblo de México. Aunque su contador lo puso al corriente, no habrá de olvidarse el Divo que, en aquella conversación en la SHCP, se encontraba un colaborador que intentó hacerle una pregunta y que él le respondió:

—Tú cállate, feo, yo sólo hablo con el secretario.

Aquel joven colaborador era nada más y nada menos que don Francisco Gil, quien por cierto no ha logrado que Juan Gabriel pague sus impuestos.

Juegos que revelan
profesiones

¿Infancia es destino?

La fantasía es un ingrediente que nace con el ser humano y del cual echamos mano a veces. Unos nacemos más creativos que otros pero, sin lugar a dudas, durante la infancia nos la pasamos muy bien porque siempre echamos a volar la imaginación disfrazándonos de algún personaje que nos quita el aburrimiento, la monotonía o del enfrentarnos a nosotros mismos.

Los niños son expertos en la materia: a Ana María Lomelí la llaman continuamente del colegio de su hijo; otra amiga tiene que hablarle como el Hombre Araña a su hijo durante la comida si quiere que éste termine hasta el último bocado, y hay quien, como Silvia Navarro, de una pataleta hace una profesión.

Sí, lo que en principio era un juego fueron sus primeros acercamientos a la actuación. Silvia cuenta que desde pequeña armaba dramas para conseguir lo que quería, siendo el primero a los siete años, cuando amenazó a su papá con irse de casa. Ella era de armas tomar. Sus padres estaban divorciados y ella vivía con Silvia, su mamá, pero a los seis se escapó y se fue a vivir con su papá, Luis, y su esposa, Loida. Silvia no volvió a ver a su mamá hasta siete años después. Hoy, si le preguntas a la actriz por su mamá, te contesta de la manera más natural: ¿cuál de las dos, la que me parió o la que me crió?

Y como ésta hay muchas anécdotas: Angélica Vale, por ejemplo, siempre traía un disfraz diferente y en cada uno de sus cumpleaños ella se vestía de la protagonista de un cuento clásico, el cual se representaba después.

Las historias de los chicos de *Estrellas de novela (reality show* que surgiera en 2003 en TV Azteca y que tuviera una sola generación) no cantarán mal las rancheras; seguro que algunos de ellos quisieran llegar a ser como la Navarro, o habrán tenido infancias parecidas, pues ¿cuántos de ellos no estarán cumpliendo ese sueño, ese juego infantil de ser actor o actriz?

Un ejemplo a seguir

La televisión es un medio que consume con tal rapidez a los talentos, que subsisten sólo aquéllos bien preparados, con «ángel» y con cierta consistencia física y emocional para soportar cualquier ventolera, ya que el medio no es fácil. Es común que a las primeras de cambio se mareen, les dé el mal del ladrillo o se sientan la mamá de los pollitos, sin que exista pastilla alguna de ubicatex que les haga efecto. Es necesario que surjan nuevas figuras. Si las telenovelas son el género que unifica a las masas y penetra por igual en hogares de anafre que de estufas eléctricas, bien se merecía su propio *reality show: Estrellas de novela.*

Este *reality* de TV Azteca fue un proyecto que apostó a la cultura de la preparación, del esfuerzo, del estudio, de la competencia, de la superación, de la pasión, de la entrega y el compromiso, en donde los participantes de diferentes estados de la República Mexicana y de Estados Unidos fueron seleccionados de entre 50 mil aspirantes, por lo tanto aprovecharon cada instante. Oportunidades como ésta se presentan sólo una vez en la vida.

Me gustaría pensar que ha quedado en el pasado el sueño adolescente de aquellos que quieren ser actores y actrices, de que «alguien» los va a descubrir en la calle y, por obra de una varita mágica, se van a convertir en grandes estrellas del espectáculo; pero no es así, todavía hay quien en la intimidad lo cree y, lo que es peor, aún sucede: la historia más reciente que recuerdo es la de una jovencita con tan sólo catorce años de edad que, mientras caminaba por el centro comercial con su mamá, impactó a un magnate de la televisión por su garbo, ángel, inocencia y belleza al caminar. La contrató de inmediato. Fue preparada como es debido y con tal suerte que lo único que ha conocido en su corta pero fructífera carrera como actriz es el éxito: Adela Noriega. Sólo que historias como éstas son una en un millón.

La gran mayoría de los integrantes del medio del espectáculo lo forman personajes que han seguido un riguroso plan de estudios y se han ido forjando un camino. La historia de Silvia Navarro es una de éstas: desde muy pequeña, cuando vivía en Irapuato con su papá, se puso a ahorrar; siendo una adolescente llegó a México a estudiar, primero en Casa del Teatro y después en el Centro de Formación Actoral de TV

Azteca; después tocó cuanta puerta se le puso enfrente y ha logrado sus propósitos. Inició como conductora del programa de concurso *A la cachi cachi porra* de Canal 11 y de ahí brincó a las telenovelas: *Perla, Catalina y Sebastián, La calle de las novias, Cuando seas mía y La duda.*

Sin duda, la caracteriza su frescura, su talento y el que, además de inteligente, es una chica linda y simpática. Ésa es la razón por la que la eligieron como la anfitriona de los jóvenes de *Estrellas de novela* que luchan apasionadamente por prepararse y ganarse un lugar en el corazón del público. Es un buen ejemplo a seguir.

«Entre lo público y lo privado»

En octubre de 2003 recibí una llamada telefónica que me dejó perpleja, girando en un tacón: Katia D'Artigues me estaba invitando a *Entre lo público y lo privado,* programa que conducía junto con el doctor Andrés Roemer. Para ella era sencillo; para mí representaba entrar en un callejón sin salida. ¿Qué tenía que hacer yo en un terreno eminentemente político, entre puras lumbreras, en donde se abordan temas que a veces no entiendo e incluso se interactúa con gente cuya existencia ignoraba? A veces me da la impresión de que los invitados son extractos del pequeño Larousse o de la Enciclopedia Británica; sólo se conocen entre ellos y compiten para ver quién saca el vocabulario más exótico. No hubo argumento que le valiera a Katia y al final me ganó, no pude negarme.

El programa no me lo pierdo. Es una idea de Andrés y de

lo mejor de la barra nocturna televisiva. Una fórmula muy acertada para hacer accesibles al público en general temas como la política, la economía o las finanzas. Su encanto radica en que los conductores logran bajar de los cielos a los invitados y, así, los simples mortales que los vemos entendemos de qué hablan. Además, enfrentan personalidades: recuerdo aquel programa en que estaban Cuauhtémoc Cárdenas, Francisco Labastida (quienes no se veían desde sus pretensiones de llegar a la Presidencia) y Evangelina Elizondo, quien sin más le soltó a Labastida que qué bueno que no había ganado las elecciones.

Pues llegó el día. Katia y Andrés me dieron confianza. Hice de tripas corazón esperanzada en conocer a los otros invitados porque este sexenio nomás me aprendía los nombres del gabinete y ya eran otros. Corrí con suerte. Por los noticieros conocía al senador Demetrio Sodi, quien me dijo que yo le daba miedo, y ahí me presentaron a la directora del DIF. La hicieron cantar, y por cierto, lo hace requetebién.

Recuerdo bien que me calmé los nervios releyendo el *Arte de la compasión,* del Dalai Lama, y, aunque todos los párrafos son hermosos, uno en particular me permite continuamente darme cuenta de lo insignificante que soy: «Con dieciséis años perdí la libertad y a los veinticuatro perdí mi país. He sido un refugiado durante los últimos cuarenta años y he soportado el peso de grandes responsabilidades. Si miro hacia atrás, veo que no he tenido una vida fácil. Pese a todo, durante esos años he aprendido muchas cosas acerca de la compasión y de la preocupación por los demás. Esta actitud mental me ha llenado de fuerza interior». Esto viene a colación porque necesito decírmelo. La mayoría sucumbimos al embrujo de la tele y más cuando se trata de un programa inteligente como *Entre lo público y lo privado*. Ahí te suben y te bajan el ego a discreción y te hacen preguntas inesperadas: «¿Qué opinas de que el presidente se haya incomodado porque se diera a conocer que consumía antidepresivos?» Yo contesté: «A mí me importa lo que resuelva, no cómo lo haga… ¿A usted sí?»

Una segunda profesión

En cualquier profesión es aconsejable no poner todos los huevos en la misma canasta, y si se trabaja como actor, actriz, cantante o conductor, sobre todo en México, con mayor razón, porque son carreras que suelen ser inconstantes.

Hay quienes debutan con el pie derecho, de forma espectacular, y tienen trabajo en forma permanente durante toda su carrera, gracias a su habilidad para moverse en el medio, a veces con tan poco talento, pero con tanto ángel que con sólo verlos el público se conforma y los aclama. Hay otra clase de actores, actrices o cantantes a los que les sobra el talento y el trabajo se les esconde o resultan tan remilgosos a la hora de las negociaciones que los empresarios huyen, pues parece que lo que no quieren es trabajar; hay quienes se quedan en su casa, esperando a que los busquen, incapaces de tocar puertas o hacer una llamada telefónica para hacerse presentes. También se da el caso de que lo tengan todo: talento, habilidad para contratarse, les llueve el trabajo y de pronto llegan las temporadas largas, eternas, entre una chamba y otra; a veces se agotan los ahorritos y hay que comer, pagar la renta, el te-léfono, la luz y hay que sacar para el diario, sacando fuerza de las flaquezas.

Hay muchos casos: la actriz Martha Resnikof colgó en el clóset a todos sus personajes y se puso el de cocinera; se convirtió en una súper repostera, se compró un horno profesional y a hornear pasteles. Susana Dosamantes era como falluquera, vendía ropa gringa en Televisa cuando Paulina iniciaba en Timbiriche, y ella descansaba entre telenovela y telenovela. Kenny, la rockera, vende ropa alternativa —o sea, locochona—, su clientaza es Alejandra Guzmán. Sasha Sökol lanzó joyería de plata, creada por su mamá; Lucía Méndez también sacó al mercado una línea de joyería de plata mexicana con diseños más autóctonos, y Estrella Lugo lanzó otra línea, tal como lo hizo Andrea Noli y la actriz y conductora Annette Cuburu.

Lo de hoy es la diversificación de la profesión: Thalía se asoció con K-Mart y en breve lanzará en Estados Unidos y en México una línea de productos para casa. Lorenza Hegewish es dueña de la tienda Artefacto en San Ángel. Roxana Chávez montó una fábrica de ropa de cama y Merle Uribe vendía colchas y perfumes. Angélica Rivera tiene una tienda en Polanco donde vende objetos para bodas y bautizos. Alan Tacher es restaurantero y abrió una escuela de futbol. Charly, el ex Garibaldi, es dueño de la discoteca El Congo y del centro nocturno Woman's Club. Silvia Navarro tiene un lavado de coches; César Costa, un bufete de abogados y además renta equipo de sonido. Manuel Mijares y María Luisa Alcalá son restauranteros, y la actriz Edith González es socia del Asia de

Cuba. Ernesto Laguardia inauguró un salón de fiestas infantiles, al igual que Gaby Ruffo. Las hermanas Mayra y Lorena Rojas son propietarias de una estética. Margarita Gralia vende productos de belleza para el cuerpo y tiene una churrería en San Miguel de Allende y otra en avenida Insurgentes Sur, aquí en la Ciudad de México. Cada uno por separado, Anette Michel, Kate del Castillo y Luis García, y Michelle Vieth y Héctor Soberón, pusieron un *spa*.

La aventura hidropónica

En agosto de 2003, Rita Ganem y yo nos citamos en un restaurante y me recibió con un racimo de lechugas y jitomates. Supuse que vendría del mercado; ella es muy detallista y yo, vegetariana. Mi sorpresa fue enorme cuando me comentó que las había cultivado hidropónicamente, ella misma. Me quedé cuadriculada, embobada, escuchando su historia:

—Como periodista, me gustan los retos y las aventuras, eso es lo que ha sido para mi la hidroponía. Me llevó a ella el entusiasmo de Gloria Samperio, pionera en la enseñanza de este tipo de cultivo, y sus invernaderos. Hace unos cinco años, después de tomar un curso con Gloria en Toluca, la practico, incluso me construyeron un pequeño invernadero en la azotea de mi casa. Al principio fue un simple pasatiempo, pero también una terapia antiestrés. Trabajaba en aquel entonces, en los noticieros de Televisa con un agitado ritmo de actividad, bajo constante presión física y emocional. Al regresar de alguna gira presidencial o de alguna misión periodística en el extranjero, cómo me gustaba visitar mi invernadero, observar el follaje de mis plantas y cortar jitomate, apio y lechuga para prepararme una ensalada, con la confianza de que no tenía nada que desinfectar. Era un remedio mágico para mi cansancio y tensiones acumuladas en la jornada laboral.

»Cuando puse a germinar en macetitas con grava mis primeras semillas de jitomate, no estaba segura de si resistiría la espera. Cuando aparecieron las primeras plantitas, aún dudaba si se desarrollarían lo suficiente para resistir el trasplante, pero sí crecieron, se llenaron de follaje y a los tres meses aparecieron los primeros jitomates. Mucho tiempo se quedaron verdes y, aunque yo estaba preocupada, Gloria me tranquilizó diciéndome que si seguían verdes era porque iban a ser grandes. Después de tres semanas, varios jitomates pasaron al amarillo y a tonos anaranjados, luego al rojo pálido y luego al brillante. Habían pasado cuatro meses.

»Después de tanta expectativa, los primeros tres jitomates y mi primera lechuga que corté merecieron toda una sesión fotográfica antes de convertirse en ensalada y disfrutar su sabor. Me parecieron sabrosísimos, porque no era lo mismo haberlos comprado de un anaquel en el mercado, que haber sido testigo de su crecimiento y maduración. En la actualidad, mi trabajo como periodista es más tranquilo y he podido dedicarme más a la hidroponía ya como un negocio, con la creación, en la Ciudad de México, de un Club Hidropónico, en el que se imparten cursos y se venden utensilios e insumos para hidroponía, así como las hortalizas cultivadas en nuestro invernadero escuela.

»Nunca me hubiera imaginado ser periodista y cultivadora

hidropónica y, la verdad, me encanta la combinación. La hidroponía es una forma de cultivo distinta a la tradicional, pues las plantas no crecen en la tierra, sino en agua u otros materiales para sostenerlas como grava, tezontle, arenilla, cascarilla de arroz o lana de coco. Las plantas son regadas con una solución nutritiva, que maximiza el crecimiento y la producción. Son cultivos que se pueden desarrollar en espacios pequeños y con un significativo ahorro de agua. Se puede cultivar una gran variedad de hortalizas, frutas y flores.»

Si a usted le interesa aprender hidroponía, no dude en llamar al Club Hidropónico de Rita Ganem, a los teléfonos 55 28 50 06 y 55 28 75 80 en el D.F.; con sólo tomar cuatro clases, los sábados por la mañana, está lista para iniciarse en esta aventura; por espacio no se preocupe, la azotea de su casa o departamento es suficiente y será de gran ayuda para la economía de su hogar. ¡Suerte y disfrute de una comida sana!

¡Encuentren a Víctor Bartoli!

Las historias que más me gustan son aquellas que me caen de sorpresa. En noviembre de 2003 creí que viviría un aburrido trayecto en avión México-Los Ángeles; sin embargo, no fue así: apenas me abroché el cinturón de seguridad, Aleida, una muy cercana colaboradora de Elisa Salinas, me saludó; íbamos al lanzamiento del noticiero *Hechos 54,* programa con el que se estrenaba como presidenta de Azteca América Elisa Salinas en Estados Unidos y el cual sería conducido por los periodistas Edgar Muñoz y Emilia Jiménez; la información está a car-

114

go del periodista Armando Guzmán y la generan desde Washington. Los padrinos fuimos Javier Alatorre y yo. Él voló desde Roma y nos regaló rosarios bendecidos por el Papa y estampitas de la madre Teresa de Calcuta ya beatificada.

Después de los saludos habituales, cada una se dedicó a lo suyo; ella leía un buen fajo de hojas, con tal interés, que no la interrumpí. Después me contó una historia que describe de pies a cabeza el empeño de Elisa en un proyecto y sus estrategias para concretarlo.

Por semana, se reciben en la oficina de Elisa Salinas, en Azteca Novelas, unos cinco textos, entre guiones o libros de autores que pretenden que sus historias sean adaptadas para la televisión. Se ha ganado a pulso la fama de que lee todo lo que le cae en las manos, imagínese y súmele la cantidad de temas y lecturas que consume la mujer; su cerebrito asimila a la velocidad del rayo para decidir si es conveniente para un programa unitario (uno a la semana), un seriado (varios a la semana), una telenovela o una película, como aquella sorpresa que nos llevamos todos de ella produciendo *Primer y único amor,* en la que Fernando Luján era el protagonista.

Con tales antecedentes, imagínese que, según me comentó Aleida en el avión, a Elisa le bastó leer el título de un libro: *Mujer alabastrina,* una novela de Víctor Bartoli, para recogerlo del escritorio y llevárselo a su casa pero, al leer la dedicatoria del escritor, quedó anclada a él: «El libro es para ella, porque trabajó duro hasta los últimos meses de embarazo para poder reunir los veinticuatro pesos que costó mi alumbramiento». La historia la cautivó de tal manera que se olvidó de sus citas y no salió de su casa hasta que terminó de leer. Inmediatamente después llamó por teléfono a Aleida y le dijo que le urgía que localizara al escritor, que lo quería conocer de inmediato.

Víctor tuvo a bien mandar el libro, su nombre y la ciudad donde radicaba, pero no su dirección. Aleida, cual Sherlock Holmes, vía el departamento de cobranzas de las tiendas Salinas y Rocha y Elektra, se dio a la tarea de investigar el domicilio de Bartoli, en Ciudad Juárez, Chihuahua. Cuando tocaron a su puerta, diciendo que eran empleados de esas tiendas, Bartoli les respondió que él no debía nada a nadie. Entró en razón cuando le explicaron el porqué de su visita. Días más tarde, Víctor Bartoli se entrevistó con Elisa, quien, además de felicitarlo por su novela, le solicitó su autorización para llevarla al cine, con guión de Vicente Leñero y que la dirigiera Fernando Sariñana. El impacto del autor fue tal que terminó en Médica Sur con un conato de infarto que, por fortuna, no pasó del susto.

EL ESPECTÁCULO
político

«Hechos de peluche»

Me dedico desde hace treinta y tres años al medio del espectáculo y estoy convencida de que, desde por lo menos diez, el mayor de éstos es la política, de ahí el gran acierto que ha resultado *Hechos de Peluche* en el área de noticias de TV Azteca.

El gran reto en la pantalla chica es permanecer en ella, y ellos lo han logrado. Es un continuo logro pues en este caso, además, se tocan las fibras más sensibles dentro de una sociedad tradicionalista con muy poca cultura política, acostumbrada a la censura, a la ausencia de libertad de expresión. Cuando surgió *Hechos de Peluche,* el quehacer en el periodístico político se ejercía con sumo respeto, cuidado y miedo. Resultaba inconveniente y arriesgado evidenciar —ya no digamos ridiculizar— a cualquier figura política. Impensable hacerlo en televisión abierta.

Repentinamente la relación cambió, sobre todo a partir de aquellas campañas presidenciables del 2000. La política y los medios abrieron nuevos canales de comunicación. Se tornó factible —y rentable— poner el dedo en la llaga de, incluso, los más poderosos de la administración pública. No más alabanzas ni ojos ciegos a los desmanes de la clase política. Oportunidad que la televisión —puesto que es un negocio, ante todo— aprovechó y comenzaron a surgir opciones de humor y sátira política. La más popular, sin duda, los Peluches.

Inspirada en el éxito de emisiones similares de países con una importante cultura política —Inglaterra *(Spitting Images)*, Francia *(Le guignol de l'info)*, España *(Los guiñoles de la información)* y Colombia *(Los re-encapuchados)*—, TV Azteca tuvo la idea temeraria de crear un cartón televisivo con caricaturas en tercera dimensión de los políticos de nuestro país y del mundo cuando corría el sexenio de Ernesto Zedillo. El plan era medirle el agua al tinaco tres veces a la semana, tanto del régimen como de la prensa. Desde su primera aparición en el noticiero de Javier Alatorre causaron tal revuelo, que casi de inmediato las cápsulas se incluyeron diariamente en el noticiero *Hechos* para de ahí pasar a todos los noticieros de la televisora. Al poco tiempo eran ya un fenómeno mediático, una referencia dentro del mundo noticioso.

Hechos de Peluche es un proyecto de trabajo que se conforma de dieciséis actores, tres guionistas y todo un ejército de producción entre editores, camarógrafos, caricaturistas y artistas plásticos, liderados por una mujer de armas tomar: Hilda Soriano, quien con una muy particular sensibilidad y sentido del humor ácido ha logrado, junto con su equipo, ofrecer al público una visión cómica, irreverente y crítica de nuestra realidad cotidiana. Iniciaron con tres o cuatro muñecos: Don Fidencio Velachaquez, el Cuatemochas y Orejas de Portari. Hoy son más de cien, causando sensación el Dr. Zepillo, Vil

Gritón, el mero.mero Chente Fax; la más popular, Martita Asegún, quien incluso realizó una «visita oficial» a Los Pinos para entrevistar a la Primera Dama.

Desde su primera aparición, y conforme han ido reinventándose, hemos disfrutado de los Peluches en diversas facetas: programas semanales, presencia en el periodismo deportivo con excelentes resultados tanto en las Olimpiadas como en los Mundiales, e incluso en *Ventaneando* donde Ta-Chidito y Doña Calumnias han hecho más de una vez de las suyas. Gracias a ellos, la transición política en el país ha sido asequible para el televidente, quitándole lo solemne; los políticos miden su popularidad pues, dicen por ahí, entre las altas esferas, entre broma y broma, que: «Si aún no tienes Peluche, entonces no hay por qué preocuparse».

Entre la editorial y la caricatura; entre el guiñol y la sátira mordaz, entre esas verdades que sólo permite el humor, los Peluches son un consolidado género televisivo, pero hoy, más que eso, un emblema de TV Azteca.

La política del artista

Era julio del 2003 y Yahir, joven exitoso que saliera de las filas de *La Academia,* armó un revuelo impensable en su ciudad natal, Hermosillo, a raíz de una supuesta contratación por parte del PAN. Fue tal el enojo de la cúpula priista que amenazaron al cantante con negarle toda posibilidad de presentaciones futuras en Sonora si aceptaba tal contrato. El joven y su empresario nada sabían al respecto. Yahir, de todos modos, no se presentó en aquella plaza pero no por asuntos de política, sino porque le dio tremenda infección intestinal que lo tumbó en cama.

Es verdad que los artistas, contrario a lo que en otros tiempos ocurría, han abierto su abanico de posibilidades. Algunos de ellos han decidido abiertamente opinar sobre política, mostrar su filiación política e, incluso, algunos se han lanzado como candidatos de elección popular. Recuerdo a Juan Gabriel diciéndole al público asistente a sus *shows:* «Qué es lo que más quiere la gente: PAN, ¿verdad?; qué es lo que más necesitamos para vivir: pues ¡PAN!, y no sólo para comer», y se arrancaba con el mariachi, cante y cante una tonadita de apoyo al PAN. Si como periodista le preguntabas a boca de jarro a quién apoyaba, no decía ni pío. Y como todo en la vida cambia, él mismo, cuando decidió apoyar al PRI (con Labastida), le hizo una canción especial y la cantaba en todas sus presentaciones. Al final, su candidato perdió.

Él no es un caso aislado. Aún hay muchas luminarias que dicen «por lo bajito» los nombres de sus candidatos; otros prefieren no meterse en honduras y se quedan calladitos. Los aguerridos, como Carmelita Salinas, hasta los invitan al teatro para que gocen de *Aventurera* y ella baile un danzón con los del PRI; pero es democrática, contrata a los actores por su talento y no por sus preferencias políticas, como al actor Ernesto Gómez Cruz, que contendía por el PRD. A fin de cuentas los artistas son artistas y si hay que cantar en un evento del PAN, del PRI o del Verde Ecologista, ellos ganan lo mismo; igual les da un proyecto que otro, ése no es su negocio. El error, en todo caso, lo cometen los políticos que piensan que por llenar un teatro durante su campaña con el artista de moda, esos asientos representarán votos. La gente va al espectáculo. El día de la votación ya será otro cantar. Cuestión de sentido común, quizá no muy desarrollado entre los políticos.

La Marta del Zorro

Desde hace muchos años se paseaba por los pasillos de Televisa una actricita chaparrita, de ojos verde que, sin pena ni gloria, pasaba frente a los productores y directores, quienes accedían a darle «generosamente» oportunidades en muy buenos proyectos, pero con muy pobres personajes. Nadie parecía creer en su talento; ella misma consideraba que tenía todo en contra, hasta su nombre, extranjero, largo y difícil de pronunciar.

Treinta años después, sin embargo, llegaría al gobierno una Primera Dama que le pondría en las manos a esta actriz la oportunidad de su vida no sólo en el medio del espectáculo, sino también en el de la política, precisamente, por su físico y el parecido impresionante entre ambas. Me refiero a Raquel Pankowsky.

Aunque Raquel no votó por el cambio, aseguraba en el 2003 que votaría por la reelección de Marta Sahagún de Fox para que las entradas del Teatro Wilberto Cantón le duraran muchos años. Y es que la historia de «Marta Según», personaje de su autoría, es increíble, porque nació del desempleo una vez que terminó en la cárcel su personaje de la telenovela *El juego de la vida*.

Amigos y conocidos le habían ya insistido en su parecido

con la Primera Dama y decidió aventurarse sacándole provecho a su escondido gusto por la política. Así, «Marta Según» nació como parte de un espectáculo breve donde Felipe Nájera interpretaba a La Doña. Daban función en La Bodega, donde una noche acudió a verlos Horacio Villalobos y la invitó a formar parte del elenco de *Desde Gayola*.

Con su incursión en el programa, la Pankowsky brincó al estrellato: voltearon a verla tanto el público como los líderes de opinión: era la primera mujer que se atrevía a parodiar, sin censura, a la esposa del Presidente, sorprendentemente también sin una sola llamada de atención de la Presidencia. Aun cuando muchísima gente al principio le advertía que no se metiera con la Primera Dama, pues no se lo perdonaría la clase política e incluso podría pagar un precio muy alto profesional o personalmente, ella no hizo caso y asumió el reto más grande de su vida, dicho en su propia voz: «Creo que hemos dado un paso gigantesco en cuanto a libertad de expresión se refiere tanto periodístico como artístico. Ya no hay intocables. Si Marta Sahagún pudo montarse en un país de machos sin miedo, ¿por qué yo no? Y mira, ahí vamos las dos muy bien».

El primer espectáculo donde «Marta Según» era la protagonista fue *La Marta del Zorro* y se presentó en el Teatro Wilberto Cantón en 2003. Carlos Pascual interpretaba maravillosamente a Beatriz Paredes y en uno de los diálogos le decía: «¿Qué prefieres: tener a trescientas personas riéndose en un teatro o a las mismas trescientas enojadas y con machetes en las calles?» En clara referencia en aquel entonces al conflicto en Atenco por el aeropuerto.

Habrá opiniones encontradas, mas lo cierto es que Marta Sahagún está en Los Pinos trabajando todos lo días desde las seis de la mañana y Raquel Pankowsky está en diversos teatros, en la televisión, en presentaciones especiales haciendo lo mismo y la respuesta está en el escenario. Como mujer, como mexicana y periodista, me siento muy orgullosa de las dos.

De criada a Primera Dama

En agosto de 2003 conocí en persona a Raquel Pankowsky y me fui de espaldas. Cual mantequilla derretida me deslicé sobre una de las sillas del comedor de Mónica Garza sin dejar de pensar, para mis adentros, que era una broma, que no era Raquel sino la mismísima Marta Sahagún que se había escapado de Los Pinos tras darle de cenar al presidente Vicente Fox Quesada, de ponerle la pijama, de meterlo a la cama y de arroparlo; luego de que el Presi empezara a soñar, se lavó la cara para quitarse de encima lo de Primera Dama y se disfrazó con unos pants; burló la guardia presidencial, se escabulló de la cabaña y se fue de pinta a La Condesa para cenar con nosotros. Era tal mi cara de tonta que, mientras tejía mi historia a mil por hora, mi marido me zarandeó para regresarme a la realidad, diciéndome que por lo menos cerrara la boca y me reintegrara a la conversación.

La Pankowsky llegó a media cena. Yo conocía su trabajo pero no personalmente, y desde que llegó acaparó mi atención; el parecido con Marta es increíble, podrían ser hermanas gemelas. Traté de guardar compostura, pero el rebozo me trai-

cionó toda la noche y no pude decirle Raquel, le dije Martita en todo momento; de plano el rancho no se me bajó de la
cabeza mientras ella, de forma muy natural, nos comentaba
que desde hace más de diez años le interesaba la política y aca-
tarraba a sus amigos con su plática porque buscaba no sólo hablar de la nota principal en los periódicos, sino opinar y fo-
mentar la discusión; mas se empanteraba cada que alguno de
sus interlocutores le hacía hincapié en el parecido que tenían
ella y la Primera Dama y, muy a su estilo, comenta: «Caí en
crisis cuando supe que la iba a personificar, y mira lo que es
mi historia, al final de mi vida, me convertí en cisne luego de
que fui el patito feo».

Gracias a Dios, la cena incluía a más invitadas; estaban presentes, la escritora italomexicana Claudia Marcucceti, autora
del libro *Lotería* (Diana, 2003), y Amparo Rubín, la composi-
tora, quien es una conversadora estupenda. Con este trío de
mujeres, creo que me pueden entender cómo no se me bajaba el rancho de la cabeza, sobre todo cuando Raquel tomaba
la palabra; parece que trae un micrófono integrado a la garganta y, como buena actriz que es, de pronto le sube mucho
al volumen y nos dejaba a todas y a todos en suspenso, esperando el desenlace; en una de ésas, comentó:

—Quién me iba a decir que de criada me iba a convertir
en Primera Dama.

Era tan interesante el fenómeno Pankowsky-Sahagún y viceversa que el director del semanario *Época* las contactó y pac-
tó un encuentro: una entrevista con las dos que resultó un éxito tal que, al ser publicada, esa edición se agotó. Cuenta la
Pankowsky que el día de la cita llegó temblando a Los Pinos;

se había despertado a las tres de la madrugada con un fuerte dolor de estómago y a caracterizarse desde las siete, para llegar muy puntual a su cita. La encargada de romper el hielo sería la propia Primera Dama, quien tras ser puntualísima comentó:

—Yo soy Marta versión pirata.

Después de aquello se abrazaron cálidamente y llegó la conversación, historia que de seguro ustedes ya conocen.

En La Cabaña con Marta

La primera vez que pedí una entrevista con una Primera Dama de México fue durante el sexenio de Luis Echeverría. Era una puberta. Me iniciaba como periodista y el mundo se me hacía chiquito. Se tardaron varios meses en concedérmela y me recibieron en un saloncito de la Casa Miguel Alemán en la residencia oficial de Los Pinos, área en la que, entonces, habitaban la pareja presidencial y su familia. Me senté envuelta en un silencio apabullante que se rompió con la llegada de Fausto Zapata Loredo, el subsecretario de prensa, quien se sentó a mi lado con una enorme grabadora de carretes, lo cual delataba que grabaría la entrevista.

Doña Esther apareció puntual, imponente. Respondió a todas las preguntas sobre su labor en el INPI y recuerdo su sonrisa de complicidad cuando se incomodó Zapata Loredo porque se me ocurrió preguntarle cómo había conocido a su marido y si ella le cocinaba; era mucha mi osadía en hacer preguntas de índole personal. Al fin escuincla, desconocía todo lo relacionado con el protocolo. Al terminar la entrevista me molesté, pues el subsecretario me pidió el borrador de lo que sería publicado en *Vanidades*. Llegué a la redacción y con el enojo a cuestas me hizo ver la realidad; sin embargo, la entrevista se publicó íntegra, no habían corregido una sola línea.

Hoy la situación es muy diferente. He visitado Los Pinos en varias ocasiones y hay más movimiento, el trato es otro. Solicité una entrevista con la señora de Fox, en La Cabaña, para que fuera más personal. En lo que ella concluía una cita previa, volví a esperar, como años atrás, en el Salón Miguel Alemán, el cual ahora es centro de trabajo; desde ahí despacha el Presidente. Durante la espera, vi circular a casi todo el gabinete, a varios gobernadores y uno que otro empresario. Para los periodistas, el recinto es un agasajo. Los Pinos, por decirlo de algún modo, ahora tienen vida.

Marta Sahagún de Fox siempre está dispuesta a atender a los medios. Sus allegados ni te piden el cuestionario que pretendes hacer ni te graban la entrevista ni te revisan lo que vas a publicar. Uno cuenta con la libertad de preguntar lo que gustes. La entrevisté a fines de noviembre del 2003 y, dado que se acercaban las fechas decembrinas, le pregunté dónde pasarían Navidad y Año Nuevo, a lo que me respondió:

—Si todo está conforme lo hemos planeado, iremos el día 23 a Zamora, Michoacán, a visitar a mi papá, quien tiene ochenta y cinco años de edad, está lleno de vida y recuerda con profundo cariño a mi mamá y ahora, afortunadamente, tiene como compañera a Cristina; viven muy contentos. Ese día nos reuniremos mis tres hermanas y mis dos hermanos; el 24 nos vamos al rancho y pasaremos la noche de Navidad en casa de la mamá del Presidente, de doña Mercedes, con toda la familia: sus hijos y los míos. Como es tradición en la casa de los Fox, el 25 de diciembre habrá reunión familiar, comeremos o con alguno de los hermanos Fox o en casa de doña Mercedes.

Comunicadoras en Los Pinos

En diciembre de 2003 volvería a ir a Los Pinos, y esta vez, junto con numerosas comunicadoras de radio y televisión, estaríamos atrincheradas en La Cabaña de los Fox toda una tarde disfrutando de una comida deliciosa y la gentileza característica de Marta Sahagún.

Fuimos llegando poco a poco: encantadora y perfectamente ataviada, Janet Arceo, feliz de haber celebrado veintiún años consecutivos al aire con su programa de radio; grandota y rebosante, Flor Berenguer, hablando con palabras atinadas y conforme marca la ley, con una reluciente cabellera rubia y una sonrisa que la dibuja entera; Adriana Pérez Cañedo, a quien siempre le pregunto qué usa para verse tan bien y ella me responde «Una crema para cada arruga», pasándome las recetas.

A punto de ponerme a echar el chal con Janet y Maricarmen Ortiz, se asomó por la puerta de la antesala de la oficina de la señora Fox una silueta con una barriguita que atrapó nuestra atención: era Fernanda Familiar con Natalia en el vientre. Lolita Ayala llegó ya iniciada la comida; la aquejaba una migraña; dice que le da una a la semana y se la aplaca con un par de *Vanquish*.

A la hora de los deseos, cada quien dijo algo lindo, incluida Martita que, cuando habla, vaya que si toca las fibras más íntimas. A Laura Cos se le quebró la voz; Andrea Legarreta y la Familiar dijeron que arreglaron en la comida una diferencia que traían. Al otro lado de la mesa, no dejamos en paz a Madrazo. Maricarmen Ortiz le dijo «el moretón» porque era un «Madrazo pintado»; la Familiar comentó que no tenía sentido del humor porque un día se lo encontró en el aeropuerto y le dijo que qué bueno que no eran parientes; al parecer al político no le cayó en gracia el comentario o no lo entendió, a lo que ella insistió:

—No se moleste, yo me apellido Familiar y usted Madrazo, imagínese la combinación.

Hospitalidad presidencial

«Salúdeme de mano; no, mejor déme un besito; ya que andamos en éstas, déme un abrazo a ver qué se siente; cárgueme al niño pa'la foto; le dejo este regalito a ver si le gusta; mejor este recuerdito, lo hice con mis propias manos; échese el taco conmigo; mejor pruebe la quesadilla de flor de calabaza; ándele, siéntese aquí, vamos a platicar un ratito; estuvo bien bonita la pastorela y la posada, a ver si nos invitan el año que entra», eran los comentarios que se escuchaban en los jardines de Los Pinos en diciembre del 2003, donde la familia presidencial, personalmente, atendía y escuchaba las peticiones de sus cerca de ochocientos invitados a las posadas que organizaron. Al matrimonio Fox, a ellos y a nadie más, se les debe que a todas y a todos los mexicanos, de pronto, al entrar en sus terrenos, nos sintamos como en nuestra propia casa. ¡Menudo paquete le dejan a quienes los sucedan en el gobierno! Ojalá y no salgan con la infantilería de borrón y cuenta nueva, pues invitaron por igual a niñas y niños de escuelas regulares, de casas hogar, jóvenes sordomudos, funcionarios de gobierno, figuras del espectáculo, deportistas, periodistas, adultos mayores, ciudadanos. Ahí estábamos, mundos diversos, tan diversos como somos los mexicanos.

La cita fue a las 5:30. Tras de mí llegó Talina Fernández, cariñosa como siempre; nos abrazamos. Ella se cuece aparte, es la simpatía echa mujer. Me preguntó que si seguía casada con Álvaro, y me comentó:

—¡Qué maravilla! Fíjate que Alejandro y yo llevábamos once años de divorciados; un buen día me dijo que lo había pensado muy bien y que quería regresar conmigo, que estaba reteseguro que yo era la mujer con quien él quería envejecer. Regresamos un febrero; en marzo ya andaba de ojo alegre; es tremendo, ¡las seduce rapidito porque es encantador! En la segunda vuelta me agarró cansada; frente a mí se comporta, porque lo amenacé: le dije que le armo en público una buena, que ya nada de que a las calladas y en la casa nos arreglamos.

A la posada también llegó el procurador Rafael Macedo de la Concha…

«*Noticias mata espectáculo*»

Mientras platicábamos Lolita Ayala, Luz María Aguilar, Talina Fernández y yo, el general Rafael Macedo de la Concha nos ofreció una taza de café y, girando en un tacón, como pubertas de secundaria, contestamos a coro que sí. Lolita lo tuteó; Luz María lo miró con sus ojos dulces; y Talina le comentó:

—Hasta que lo veo de cuerpo entero, sólo le conocía la mitad de la cara en la tele, rodeado de una corona de micrófonos de Televisa, Televisión Azteca, Telemundo, Multivisión y de todas las radiodifusoras y grabadoras de todos los periódicos del país; qué bueno que lo veo en persona para decirle que siempre que lo veo le mando besos, aunque mi marido se ponga celoso; creo en usted, en lo que hace, qué bueno que llegó para meter a todos en cintura

Ante aquello, Lolita Ayala bajaba la mirada y decía en voz queda:

—Qué chistosa es Talina, ¿verdad? Tiene toda la razón, el procurador trabaja muy bien. Yo publico todos los boletines que me mandan de la Procu, ¿verdad procurador? —subía el tono.

Y nuestro general le respondía con diligencia:

—Así es, Lolita.

El tema de conversación aquel día era la aprehensión de Sadam Hussein y Lolita le preguntó al general si era factible la versión que corría en el sentido de que la captura había sido con antelación y que los gringos lo habían soltado la víspera de Navidad para subir los bonos de Bush, a lo que el procurador respondió que no, que el ex dictador había sido capturado el día que se anunció su detención y que, seguramente, había sido traicionado, como suele suceder en esos casos. Al preguntarle por su familia nos respondió:

—En tres años me quedé sin familia, un hijo se me casó y los otros se fueron a estudiar al extranjero.

De inmediato, Luz María comentó que hacía muy buenos *hot cakes* y Talina que su mamá, Catushka, era soltera y bailaba divino *tap-tap,* agregando:

—No, general, no se le ocurra casarse, mejor consígase una amante sueca que viva lejos a la que usted visite de vez en cuando; que nadie se entere de su paradero. Siga solterito, con el puesto que tiene, no vaya a ser que un día le den un susto con alguien de su familia y ahí sí que se le afloja la calaca; uno como quiera aguanta los catorrazos, pero que no toquen a nadie de los nuestros, porque a mí se me sale el demonio que traigo dentro.

En lo que esperábamos a que iniciara la posada, algunos platicábamos en uno de los salones de la Residencia y de pronto sólo escuchamos un grito en el que avisaban que el Presidente y su esposa ya se habían adelantado a pedir posada. Salimos corriendo por los jardines hasta la reja que se comunica con el Bosque de Chapultepec; tras cantar las letanías, los niños rompieron las piñatas, y después, todos a comer fritangas. Una niña se acercó a Lolita y le dijo:

—¿Y tu flor?

Con toda dulzura, le regaló una sonrisa a la pequeña, tomó del brazo al procurador y le dijo:

—¿Se te antojan unos esquites? Se ven buenísimos, ¿vamos por unos?

Yo, que platicaba con el general sobre la labor social que hacen en la Procu, me quedé hablando con un árbol; ni modo, dije para mis adentros: «Noticias mata espectáculo», pero él, que es todo un caballero, regresó con un buen vaso de esquites y me convidó.

¡Batallón «Ventaneando» presente, señor!

No habría pasado ni un mes de que el general Macedo de la Concha y yo nos encontráramos en Los Pinos cuando Paty, mi infatigable secretaria, me decía:

—Señora, está al teléfono el procurador de la República, el general Rafael Macedo de la Concha.

Creo que bajé casi un kilo y no contesté la llamada, hasta que hube dominado, sin castañeo de dientes, el «Buenos días, mi general.» Él me recibió con un «Feliz año, Pati» y yo, que me apropio de las personas luego luego, contesté con un «Feliz año, mi general». Tras el intercambio de buenos deseos y tras preguntarle por los chicos de la AFI, me comentó:

—Para eso le llamo, para invitarla a desayunar y me acompañe a un recorrido para que conozca cómo operamos.

Rumbo al edificio de la PGR me sentía como si estuviera frente al batallón de *Ventaneando* con la comandante Garza; Bisogno traía cara de auténtico rehén y Pedro estaba en grabación, por lo que no asistió. Poco faltó para que nos recibieran con veintiún cañonazos de salva; había toda una comitiva en la recepción y pasamos por el protocolo para ingresar a las instalaciones; nada más faltaba que nos hicieran una tomografía computarizada. Me tranquilicé al darme cuenta del orden y la disciplina que reinaba, pues con antelación había vivido la experiencia de hacer varias visitas a la

PGR y el caos, desde la banqueta hasta el último rincón, era insufrible.

En esta, llamémosle «operación hormiga», mi general le dio una vuelta a la tortilla. Con el presupuesto de 150 millones de pesos que se gastaban en renta de edificios, él los invirtió en comprarlos y amueblarlos, desaparecer los legajos de papel de los escritorios, instalar sistemas de cómputo sofisticados, e invirtió en borrar la temible actitud burocrática que entre el personal echaba todo a perder. Por más que me escurrí entre los escritorios, no encontré a la típica gorda echándose la torta, pintándose las uñas o vendiendo tacos sudados; tampoco los peluches o flores de plástico en el escritorio o el panzón con camisa desabotonada perdiendo el tiempo. Los y las empleadas visten como salidos de la tintorería y el salón de belleza; eso sí, las mujeres bien discretas, no vi a ninguna como arbolito de navidad; lucen flacos y con buen cuerpo y es que, entre las reglas, está el hacer ejercicio.

Cuando me explicaron el sistema con el que cuenta la PGR en su central de inteligencia para rastrear a los malhechores, me sentía en una película de James Bond. La experiencia fue fascinante: alta tecnología, expertos con altos grados académicos que operan este sistema inteligente. Nuestros muchachos de la AFI ahora deben tener una licenciatura, estar preparados como policías o como investigadores en diferentes áreas. Ni qué decir cuando les pasan «un pitazo», están preparados.

Convivimos con el procurador durante cinco horas y éstas fueron pocas para conocer y entender la gran responsabilidad que cargaba sobre los hombros. No me cansaba de observarlo: atento, discreto. Con una risa que es más interna que externa. Devoto de la Virgen de Guadalupe, le gusta la fiesta brava y es apasionado del futbol. Su equipo es el Atlante; se levanta apenas sale el sol, camina y nada a diario:

—Se pregona con el ejemplo, Pati. No hay cortinas en el edificio porque no hay nada que esconder.

Daniel, ni tardo ni perezoso le respondió:

—¿Cómo, mi general? Entonces, ni meter a trabajar a Mónica Lewinsky?

Macedo de la Concha soltó tremenda carcajada y acto seguido respondió, tomándome del brazo:

—Vamos, Pati, para que me ventaneen a gusto.

Y es que a un costado de su oficina abrió una puerta y estaba su recámara: los muebles eran de madera natural, cama matrimonial con piecera y cabecera, dos burós y una cómoda. El edredón y los cojines en tonos *beige,* naranja y café; como único adorno, un retablo repujado en metal de la Virgen de Guadalupe en la pared. Ante tal revelación, comenté:

—Mi general, ¿cómo duerme aquí? No dé ideas a los jefes.

Y él me respondió:

—No, Pati, pero cuando me da aquí la medianoche, prefiero ahorrarme tiempo y seguirle a las siete de la mañana.

Daniel Bisogno, que se especializa en hablar por hablar, agregó:

—Qué guardadito se lo tenía, mi procu, ¿acaso lo usa para corretear a una damisela para luego juguetear?

Sonó una carcajada unánime y retumbó mi clásica frase de «¡Daniel, compórtate!» Macedo de la Concha, sin movérsele un cabello de su lugar, comentó:

—Imposible que pase eso. Vengan.

Regresamos a su oficina y accionó su computadora: aparecieron en reproducción instantánea varias tomas de las cámaras de circuito cerrado que graban, tanto los aposentos del general como cada paso que da en el edificio. También se graba a los visitantes. Asimismo, por orden expresa de él, se graban todas sus conversaciones telefónicas, lo cual no debe ser sencillo pues conté varios teléfonos: dos rojos con línea directa para comunicarse ya saben con quién y uno negro con muchos botoncitos para hablar con sus homólogos del mundo.

Es indiscutible que el tema de la seguridad nos atañe y preocupa a todos; los que nos dedicamos a la comunicación debemos sentir la obligación de actuar de manera responsable, al tratar temas que involucren cantidades de dinero, contratos, sueldos o regalos, porque lo cierto es que vivimos atemorizados con el tema de secuestros y robos, sobre todo en la Ciudad de México, algo que nos hemos cansado de reclamar públicamente a través de *Ventaneando*, poniendo, en más de una ocasión, el dedo en la llaga de las autoridades correspondientes. Cuándo me iba a imaginar que el mismísimo procurador general de la República uno de esos días iba a estar sentado viendo *Ventaneando*, y no sólo no hizo oídos sordos a nuestros comentarios sino que nos invitó a conocer su trabajo.

En las instalaciones de la AFI mis compañeros y yo nos sentíamos parte de una serie policiaca donde por cualquier puerta podía salir el agente 0013. Tuvimos la oportunidad de conocer a muchos de los jóvenes que conforman las nuevas generaciones de la policía. Recorrimos algunas de las oficinas donde se llevan a cabo muchas de las más delicadas investigaciones relacionadas con casos de secuestro y narcotráfico. Estuvimos en una sesión de entrenamiento de policías que forman parte de los grupos antisecuestros, así como en un simulacro de la desactivación de una bomba con la ayuda de perros entrenados. Vimos parte del equipo y los vehículos que se utilizan en las operaciones de inteligencia, y de verdad es de ciencia ficción.

Al salir de ahí, no pudimos más que sentirnos orgullosos de ver cómo se trabaja en materia de seguridad pública en nuestro país, esfuerzo titánico por conseguir que los mexicanos vuelvan a creer en sus autoridades, a confiar en sus policías, y puedan sentirse seguros en sus calles. Seguramente falta mucho por hacer, pero se han dado grandes pasos, y ojalá que, como dice el general Macedo de la Cocha, ya no haya marcha atrás.

Carrera efímera

En febrero de 2004 los periodistas nos la pasamos gastando tinta y palabra en torno a la muerte del ex presidente José López Portillo con cualquiera que se nos ponía al paso. Especialmente cuando se trataba de hablar del encuentro entre Sasha Montenegro (la viuda oficial) y los hijos del primer matrimonio de Jolopo: José Ramón, Carmen Beatriz y Paulina, quien, por cierto, apareció en el velorio con un envoltorio de tela blanca, amarrada en la cabeza; dicen que porque andaba de cabeza por un santero y que éste se lo recomendó. Sepa la bola qué le ha dado por practicar a la ex cantante, porque de que trae la mirada perdida en el espacio, la trae.

Durante su periodo presidencial, López Portillo se jactó en más de una ocasión de que José Ramón —su hijo mayor— era el orgullo de su nepotismo, y los que trabajábamos en el medio del espectáculo comentábamos, muy a las calladas, la increíble anécdota que entonces nos parecía imposible y ahora retrata cómo se manejaba en el poder la familia López Portillo. Juzgue usted: un buen día empezaron a desfilar por todas las estaciones de la radio de la República militares del Estado Mayor Presidencial; sin previo aviso, se asomaban a las cabinas de transmisión y, muy correctamente, se dirigían al locutor en turno de la cabina, le comentaban que eran portadores de un saludo personal del señor presidente de la República, licenciado José López Portillo, y les decían que, a éste, mucho le agradaría escuchar por el radio el disco que su hija Paulina había grabado.

Está por demás escribirles sobre las caras de perplejidad que se registraron ante tan inusual visita. Los enviados personales del Presidente actuaban con toda diplomacia y rapidez, así que los locutores y programadores en turno ni tiempo de chistar y mucho menos atinaban a articular negativa alguna. ¡Ay de aquel que se atreviera a desacatar aquellas órdenes! Con tremenda palanca, el disco de la hoy santera sonó más que el Himno Nacional y no pasó gran cosa. Así inició y concluyó su muy efímera carrera de cantante.

Supongo que a López Portillo le gustaba aplicar la frase de Lenin: «Si la realidad no es como yo digo, peor para la realidad», porque también logró que su hermana Alicia se quedara para vestir santos. Siendo presidente, le espantaba los pretendientes a punta de balazos. En una plática informal, comentaba

Sasha Montenegro al respecto: «Pepe me dijo que no estaba de acuerdo en las visitas que con frecuencia le hacía en Los Pinos un hombre a Alicia, porque para él era un arribista, y sin que su hermanita se enterara, lo mandó silenciar a su departamento de la colonia Del Valle, como suelen hacerlo algunas personas poderosas: le envió a dos guardias armados, a punta de balazos tiraron la puerta, balacearon al pretendiente y a su hermano, los arrastraron por las escaleras, los subieron a un coche con destino al temidísimo campo militar número uno».

Por fortuna, en el camino los militares se arrepintieron y los tiraron en el camino; los balaceados se hicieron los muertos y salvaron el pellejo. El ex pretendiente, de apellido Olguín, puso pies en polvorín, se casó con otra y fue feliz, según me ha platicado su nieta, la joven actriz Manola Imaz.

EXPERIENCIAS
inolvidables

Baño de damas

¿Cuánto tiempo pasa usted en el baño? Supongo que todo depende de su digestión, sólo que además de esos sanos y naturales menesteres de limpieza, el baño es una habitación que nos sirve para caracterizarnos e implementar el disfraz con el que saldremos al mundo. Las mujeres lo usamos, también, para inventar con el maquillaje la máscara con la que nos presentamos. Resulta el espacio perfecto para las confidencias con una amiga; en casa, una se la pasa con una en el espejo, a veces en un intenso monólogo o, si acaso, sólo de pasadita, con su pareja. Pero, ¿qué sucede en un baño para damas de una discoteca o de cualquier lugar público? ¿Qué le ha sucedido a usted?

A mí, una vez en un teatro, al abrirse la puerta del sanitario se me cayó en los brazos una joven desmayada; la sostuve, me senté en el piso y traté de levantarle las piernas para que la sangre le llegara al cerebro, lo cual fue imposible, estábamos atrancadas entre la puerta y el excusado; nadie se acercó para auxiliarnos, incluso su mamá se apersonó minutos después y me dijo que su hija se desmayaba a cada rato y que luego se le pasaba. En un baño para damas público ocurren todas las historias jamás imaginadas, por eso resulta fascinante cuando un dramaturgo como Rodolfo Santana echa al vuelo su inventiva realista logrando en *Baño de damas* (Centro Cultural Helénico, 2003) una radiografía. Su relato es perfecto y mucho se siente la mano en la adaptación de los textos que hizo la actriz Leticia Huijara, productora de la obra y protagonista de la misma.

Podría resultar abrumador o patético lo que ocurre una noche en la vida de varias mujeres que usan el baño de damas, pues muestra el rostro de una sociedad que no queremos ver, sólo que el espectador es sorprendido por un escritor hábil y por un grupo de actrices tan perfectas en su trabajo que hacían que el público se desternillara de la risa. Muchos salimos aquella noche del Teatro Helénico con la boca como de olán de tanta carcajada y a la vez estupor. La actriz Norma Angélica era Carmen, la cuidadora del baño para damas; como buena mujer mayor no escatima en aconsejar a algunas chicas que le bajen a su fiesta, como a Shirley, la modosita que es una tremenda cocainómana, la actriz Ana Serradilla. Cuando aparecía en el escenario la actriz Carmen Delgado (Fabiana), una mujer entrada en años que se divierte con hombres jóvenes y se encuentra con su hija, ¡ni se imaginan la que se arma!, sobre todo cuando una a una llegan con su mar de historias: Cecilia Gabriela (actriz lesbiana), Vanesa Ciangherotti (una secretaria del Congreso de la Unión), Bárbara Eibenschutz (la golpeaba su marido), Héctor Kotsifakis (es un homosexual), Pilar Padilla, Lourdes Echeverría, Irineo Álvarez, Nuria Kaiser, Jessica Gocha y Tae Solana.

Fue una gran experiencia. Una gran producción.

Doña Silvia en la luna

Paso a pasito, recargándose en un bastón, impulsando suavemente sus ochenta y seis años, llegó al centro del escenario Ernesto Alonso. Él era el único indicado para entregarle a Silvia Pinal la Luna del Auditorio Nacional, como reconocimiento a toda una vida dedicada a los espectáculos. Silvia debió entregarle a él también una Luna.

Me pregunté si Yahir, el de *La Academia,* sabrá qué significaba eso.

Silvia y Ernesto se abrazaron con tanto amor, que sus ojitos brillaban. Entre ellos, en ese momento, las palabras sobraban. Silvia parecía que flotaba. Qué hermoso fue verlos gozar, disfrutar del calor del público.

Me pregunté si Miriam, la de *La Academia,* sabrá qué significa eso. Me pregunté si ellos saben quién es ella, porque deberían aprenderle que ni una fulminante tifoidea, que la tumbó en una cama de hospital durante una semana, le quitó de la cabeza el ánimo de aparecer como toda una diva ante las cámaras de los reporteros y fotógrafos. Para ella, como para cualquier luminaria de cepa, primero está la imagen ante su público, así que no dudó ni tantito en atender como se debe a los medios que la comunican verazmente con su público; cuando la dieron de alta sus médicos, lo primero que hizo fue llamar a su maquillista de cabecera para que la pusiera en forma y diera su mejor cara para salir del hospital, pues un montón de medios la esperaban a la salida. Incluso, doña Silvia dio una conferencia de prensa ahí mismo.

LA INDISCRETA

Silvia Pinal es única. No se complica y siempre coge al toro por los cuernos. Para cualquier pregunta tiene lista una respuesta inteligente o sensata o simpática. Con ella sabemos que vamos a la segura; es la misma dentro y fuera de la tele, del cine o del teatro, de las publicaciones. Platicar con ella siempre ha sido un placer, tiene una memoria privilegiada, sus relatos están plagados de anécdotas sabrosas. No ha tenido empacho en compartir historias de su infancia y le gusta recrear la ilusión que le provocaban las clases de arte dramático en Bellas Artes al mismo tiempo que narra cómo se llenó de valentía, siendo una jovencita y con su hijita Silvia en brazos, y le pidió el divorcio a Rafael Banquells, enfrentándose en aquella época a una sociedad que no sólo no veía bien que una mujer trabajara, sino que lo hiciera en la farándula, fuera divorciada y tuviera una hija. Mi querida señora Pinal se ha encumbrado con enormes éxitos profesionales, la vida le ha dado amores intensos, se ha atrevido a denunciar maltratos, sufrió la terrible pérdida de una hija, una nieta, y en el Auditorio dedicó la Luna a su madre, a sus hijos y al público que muchas veces la han hecho sentir que está en la luna.

Me pregunto si los chicos de *La Academia* sabrán qué significa eso.

¡Bienvenida, Vero!

Como diría Álvaro Carrillo, «Hay ausencias que triunfan», y, digo yo, la de Verónica Castro triunfó. Nunca entendí cómo fue que Televisa guardó silencio en torno a ella durante siete años ni la indiferencia que le mostraban cuando, por largos años, fue la generadora de tantos programas de éxito. Lo que sí entendí fue su actitud; como la mujer inteligente que es, se mostró discreta.

Aun cuando durante este tiempo se dieron entre la televisora y Vero conatos de acercamiento sin ningún acuerdo, ella siempre navegaba con bandera de «no pasa nada», como si no le importara si no la tomaban en cuenta; vaya usted a saber si por dentro estaba que no la calentaba ni el sol, el caso es que, apenas y le arrancábamos monosílabos: «Dicen que no les alcanza para pagarme»; «quedaron de mandarme los libretos»; «no me volvieron a llamar». La última respuesta fue linda: «Pues les tendré que prestar una lana, dicen que no tienen centavos, que ya no les alcanza». Entonces usó un arma infalible: la paciencia, el momento adecuado para negociar a su favor.

Una empresa está hecha de un montón de ladrillos y cemento, que a su vez forman las paredes, los pisos y los techos, las puertas, las ventanas y que está pelón que los materiales atiendan a las personas, les den su lugar, el calorcito que necesitan para sentirse arropadas.

No sé qué personas son las responsables en Televisa de ver por sus artistas, pero desde aquí les mando un jalón de orejas, pues en siete largos años no atendieron o cuidaron como se debía a la Vero: como la líder mundial de las telenovelas de Televisa, la «ábrete sésamo» de los programas musicales nocturnos, a la que más se quiere en nuestro país y, por ende, a la que más se esperaba volver a ver en la tele. O de plano se les secó la creatividad a sus cerebritos porque no hubo proyecto alguno para ella.

Qué bueno que les cayó el veinte; tontos, tontos no son; ¿verdad que ahora sí les alcanzó la chequera? Les aseguro, mis queridos ejecutivazos, que la presencia de mi Vero en la tele, a partir de octubre de 2003, les recordó que personajes como ella se dan de a poquito, son garbanzos de a libra que se tienen que cuidar con pincitas; no se dan todos los días, de lo contrario, en estos siete años, ya hubieran salido de sus filas hartas chamaquitas guapetonas, inteligentísimas con un montón de ángel que nos tendrían a las mexicanas con la boca abierta y a los hombres babeando frente al televisor.

Si parece muñequita de pastel, si salió como piñata, si el moño no le favoreció, que se le acortó el cuello, que ya no se le mueven las facciones, que prefiero a la Micha, que es la Big Mother, que salió vestida como su peor enemiga, que habla poco, que no le pone emoción al asunto, que apareció vestida como Walter Mercado… Entre usted y yo, las críticas y las comparaciones salen sobrando. Qué gusto volver a verla. Su sitio estaba vacío. Nadie se atrevió a llenarlo, les quedaba grande. Su ausencia triunfó. De Verónica Castro se ha dicho todo y tanto. ¡Bienvenida!

¡Temerario fenómeno!

Me di mi gusto y acudí al Auditorio Nacional a ver a los Temerarios. Hacía tiempo que no los veía en vivo. Recuerdo que la primera vez que los disfruté a todo color fue en un bailongo en Acapulco; era tal el tumulto que ocasionaban, que quedé curada de espanto. Eran los primeros años de éxito de los hermanos Adolfo y Gustavo Ángel y en el terreno no había lugar ni para los suspiros de sus fans, así que nada más bailábamos los ojos. Hasta la fecha, siguen moviendo a las masas y gustando sus discos; son un Temerario Fenómeno.

El techo del escenario del Auditorio Nacional parecía el mismísimo cielo de Fresnillo, Zacatecas, llenito de estrellas, repleto de luces. Entre ellos y los mojados se pelean el mérito de haber dado fama al terruño y haber puesto en el mapa el nombre de su ciudad natal.

Qué gusto ver cómo se rozaban los brazos de Chimalistac con los de Tlalnepantla en las butacas; cómo chocaban las bolsas Louis Vuitton con sus burdas copias y cómo se mezclaban los aromas de jabones chiquitos con las fragancias de perfumes carísimos, por ir a ver a los Temerarios, por cantar con ellos:

—Y es que ya la piensa uno en ir a los bailes, seño Pati, no vaya a ser que dé uno un mal paso; con quién deja uno a las niñas, mi mamá es la primera en irse de pachanga —me dijo una señora que iba con sus dos hijas chiquititas.

Para qué contarles el ambiente, si ya saben que las mujeres iban de lo más coquetas, vestidas como de día festivo o de domingo. Las jovencitas y las que querían que uno pensara que parecían jovencitas, de *jeans* y camiseta de tirantitos, con la cabellera muy esponjada, recién pulida con la pistola de aire. Las que salimos del trabajo llegamos con cara de escritorio, tratando de levantar la cara con una sonrisa. El impacto del sonido, la explosión de luces y la presencia de pantallas de televisión y de los hermanos Ángel anunciaron a los Temerarios en el escenario. El público guardó silencio, sólo había ojos y oídos para ellos.

149

Mientras tanto, una fila de mujeres silenciosas aparecieron y se sentaron en primera fila, acaparando mi atención. Ninguna le quitaba la mirada de encima al grupo y corearon todo el tiempo sus canciones. ¡Cómo no!, eran las mujeres de los Temerarios: doña Delfina Alba, su mamá; Mayra Alba, su prima y representante legal; Priscila, esposa de Gustavo, con la pequeña Sarita, su hija, y Gaby, la mujer de Adolfo, quien saboreaba todas las letras, no pestañeaba, nada ni nadie la distraía: tenía en la mira a su hombre y él, bien calladito, le correspondía de pronto con una mirada.

Los veinticinco profesionales de Angeliquita

En febrero de 2003 se organizó una reunión en La Pigua con Angélica María, ya que le estaba preparando a su hija, Angélica Vale, sus primeros veinticinco años de carrera artística, para lo cual me pidió un testimonial, además de que era el cumpleaños número cincuenta y seis de Pedro Sola, a quien de regalo Angélica le cantó *Las mañanitas* al oído al unísono que le confesaba al capitán de meseros:

—Tengo cincuenta y ocho años de edad y digo siempre la verdad para que la gente comente lo bien que estoy.

Acto seguido hizo puchero y comenzó a llorar como si estuviera actuando en una de sus tantas telenovelas ante la atónita mirada del capitán y las carcajadas del grupo de *Ventaneando*.

Alguien comentó que en un canal de telenovelas estaban transmitiendo la historia de *Yara* y Angélica señaló:

—Qué cuerpazo tenía, ¿verdad? Además, mi cinturita de avispa, con las pompis paraditas. ¡Qué delgadita estaba! Ahora estoy pasadísima, como inflada; durante veintiséis años tomé cortisona sin saberlo para sanarme de la garganta cuando me enfermaba. Llevo doce años a dieta, peleándome con el peso. Ahora, por lo del cáncer, no puedo tomar ningún medicamento, sólo llevo un régimen muy sano de alimentación, natural, nada de carne, pescado, marisco ni pollo.

Angélica María había estado con su hija durante la grabación del programa de tele *La parodia* y nos platicó que estaban haciendo el dueto de Plácido Domingo y Lucero para acto seguido imitarnos a Plácido, cantando ella con voz de tenor la canción de Lucero que dice: «Cu, cu, cu, cuéntame, las pecas de la espalda...» Bueno, sigo escuchando las carcajadas de los comensales; Angélica lo hace con tal desparpajo, que nos desternilló de la risa.

Sin embargo, se puso seria cuando le preguntamos por la salud de Raúl Vale; nos comentó que estaba muy preocupada, porque el cáncer de pulmón que padecía no había cedido al tratamiento y que admiraba cómo estaba tomando la noticia. De pronto, entró al terreno de la añoranza y nos comentó que Raúl no fue todo lo exitoso que se merecía a causa del éxito de ella; el público no lo permitió cuando se casaron.

Entre miles de temas, también nos platicó que le quiere escribir a su hija un programa de tele basado en sus relaciones amorosas y del cómo las mujeres nos mimetizamos volviéndonos especialistas de las aficiones, gustos y profesiones de los hombres. En resumidas cuentas, fue una tarde esplendorosa.

DE BODORRIO
en bodorrio

El barbaján de Ruiz Heally

El eterno «qué me pongo», en este caso para la boda de la hija de una amiga, las mujeres lo solucionamos de diversas maneras: visitando al modisto con el debido tiempo, volteando de cabeza los cajones, el ropero, el clóset, el vestidor, o bien estrenando lo último que compramos «para lo que se ofrezca». Así, encontramos algo adecuado que nos hace sentir la reina de la fiesta.

Esa noche del Día del Amor y la Amistad, el 14 de febrero de 2003, se casaba Dolores, la hija de la periodista Lolita de la Vega, con Gabriel Regino, el funcionario público, y en la iglesia de Santa Teresita de las Lomas de Chapultepec habíamos muchas reinas.

La Reina de la Noche: Dolores, hoy señora de Regino, la esposa de uno de los tres subsecretarios de la Secretaría de Seguridad Pública, en quien todos depositamos la mirada uno que otro momentito. La Reina Madre: Lolita de la Vega. Lucía radiante con un largo atuendo rojo con ensamble en el mismo tono, de corte, como si fuese una ilustración de *El*

Principito. La Reina Amiga: título que se ganó a pulso Sasha Montenegro. Lolita y ella son amiguísimas; prestó la Colina del Perro para el fandango y vestía completamente del color de su apellido. No soltó en toda la noche una enorme capa de lana negra ribeteada en la orilla con piel de *mink,* con la cual se cubrió tanto del frío como de las constantes embestidas del periodista Juan Ruiz Healy.

En un evento de Lolita de la Vega con Marcelo Ebrard, Dolores y Gabriel se conocieron y se flecharon desde que cruzaron miradas. El 7 de noviembre de 2002 contrajeron nupcias por el civil, se fueron de luna de miel a Cancún y estaban, en esas fechas, a la espera de gemelos. Lolita comentaba feliz: «Serán tres los nietos que tendré este año, mi hija Alejandra también está esperando bebé. En un abrir y cerrar de ojos serán cuatro, con Rodrigo, el primero de Yoyis».

Cenamos al vaivén de la música en vivo de violines, y al concluir éstos, Dulce, la cantante, guapísima como siempre, nos deleitó con un concierto privado; cantó sus éxitos, uno tras otro. Sasha Montenegro arrastró una silla a la pista y, dándole la espalda a todo mundo, se sentó a escucharla, cigarro en pitillera en mano.

Dulce canta tan padre que cualquier detalle no importa, pero mientras la escuchaba, me di cuenta del motivo por el cual, alguna vez, sus pompas desataron polémica: no corresponden a su cuerpo. Su delantero y su trasero no tienen nada qué ver. Además, llamó mi atención que tenía la lengua color verde; no sé si comió tacos de acelga, ensalada de espinaca o chupó pastillas de mentol antes del *show,* pero su lengua era verde.

Mientras Dulce cantaba, mis ojos se tropezaron con la imagen del periodista Juan Ruiz Heally, a quien casi sin poderse mantener en pie se le iban y venían los ojos; supongo que pasó horas y horas frente al espejo, con la secadora dándole forma a su larga y canosa cabellera, pues la sacudía constantemente, tratando de acomodársela. Apenas atinó a sentarse al lado de Sasha, coqueteándole e intentando lamerle el cuello; ella, primero haciéndose la desentendida y luego tratando de quitárselo de encima, se orillaba cada vez más en el asiento. Tras un ligero forcejeo, terminó cacheteándolo, pues el periodista quiso propasarse. Como toda señora que es, lo puso en su lugar y pidió ayuda. A su rescate llegó nada más y nada menos que el joven regio patricio, «El Pato» Zambrano, convirtiéndose en el héroe no sólo de Sasha sino de todas las damas presentes, incluida su acompañante, Irma Serrano, a quien el barbaján de Ruiz Heally no escatimó en insultar.

Lilly Téllez, al altar

Conocí a Lilly Téllez hace trece años, al salir de la oficina de un ejecutivo de TV Azteca con el que ella tendría una cita en búsqueda de una oportunidad. Su saludo fue efusivo y con fuerte acento norteño. Obtuvo la oportunidad y, desde entonces, para mí es la de una mujer con buen corazón, plena, que se enfrenta a la vida con una actitud alegre, humilde y agradecida. Su lugar se lo ha ganado a punta de trabajo. Ante todo periodista: segura, con argumentos, objetiva, inteligente, discreta y talentosa.

Lilly es el prototipo de la joven mujer mexicana: profesional, trabajadora y buena ama de casa; acá entre nos, cocina a las mil maravillas. Es intrépida de nacimiento, no conoce la timidez y ha roto barreras antes sólo derribadas por hombres. Su trabajo lo basa en investigaciones propias que la han llevado a adentrarse en la mismísima boca del lobo.

Hoy, ya recuperada emocionalmente del atentado del que fue objeto, el cual es conocido por todos, volvió a la investigación con un trabajo impecable en torno al conflicto Azteca vs. CNI, siendo ella misma la guionista de sus programas de televisión.

En el aspecto personal, esta joven periodista es coqueta y femenina; su casa parece sacada de una revista. Por todo lo anterior, cuando el joven empresario mexicano, Guillermo Calderón Lobo, la conoció, ya no la dejó ir. Su encuentro fue a través de una amiga de Lilly que, tras mucha insistencia, le organizó una cita a ciegas, la primera y única a la que la periodista asistiría tras no encontrar cómo zafarse; hoy agradece de mil amores.

De Guillermo a Lilly la cautivó su audacia; su corazón de niño, y me comenta: «Es cariñoso, tierno y, al mismo tiempo, tiene el carácter más fuerte que yo; compartimos el gusto por el mar, que le encanta mi trabajo. Además, es un hombre generoso y honesto». No puede ocultar que está enamorada y por eso decidió casarse con él. Su historia de amor es de lo más amorosa: se encontraban en una tienda buscando un regalo para un niño. Al ver una carriola, Memo le comentó:

—Me gustaría que tuviéramos un hijo y formar una familia. ¿Qué te parece?

Después, se fueron a comer y, sin más, el joven comenzó a llamar a amigos y familiares para comentarles que se casaría, aun cuando Lilly le comentó que no anduviera dando tamaña noticia porque todavía a ella no le había propuesto matrimonio.

El pedimento de matrimonio llegaría durante la boda de Adriana, la hermana más pequeña de la periodista, entregándole un hermoso anillo: un zafiro azul rodeado de brillantes, comprado en Tailandia, diecisiete años atrás y guardado celosamente para quien fuera su esposa. Desde ese día, a Lilly no se le borra la sonrisa de los labios y comenzó con los preparativos para la boda. Fue el diseñador Eugenio Alzás el encargado del vestido de novia y, entre muchos modelos, eligió uno color marfil con corsé bordado a mano con una cauda de seis metros de largo. El ramo fue de orquídeas moradas naturales. Asimismo, tenía un sueño: que los casara el cardenal Norberto Rivera Carrera.

No fue sencillo. Tuvieron que adaptarse a los tiempos del prelado, pero consiguieron su objetivo: se casarían el 31 de octubre de 2003 en la catedral metropolitana en punto de las siete de la noche. Los dos órganos monumentales y el coro de la catedral (treinta niños y ocho adultos) fueron los encargados de interpretar los rezos acostumbrados y Érika, la de *La Academia,* de cantar el *Ave María* en un ambiente de flores blancas en todo el recinto.

La ceremonia civil se llevó a cabo, más tarde, en el Club de Banqueros, y los testigos fuimos el presidente de TV Azteca, Ricardo Salinas Pliego, el periodista Javier Alatorre y su servidora.

Padre feliz, orgulloso y... ¡muy sonriente!

Mis ojitos no daban crédito: con una sonrisa que le iluminaba el rostro y los ojos centelleantes, rebosante de felicidad y vestido de pingüino, vieron, por fin, a José Ramón Fernández llevar orgulloso y del brazo al altar a su única hija: María Asunción.

La noche fue inolvidable. La ceremonia religiosa fue en la parroquia de San Fernando, ubicada en la Plaza de San Fernando y eje Guerrero, en la colonia Guerrero. El recinto fue arreglado como un cuento de boda real entre una princesa y un príncipe.

Cuando la ceremonia estaba en su punto álgido, recordé una preciosa anécdota por más enriquecedora que se comenta con frecuencia entre los practicantes de budismo: una joven pareja occidental, al contraer matrimonio por lo civil, le pidió a un monje budista tibetano que bendijera su unión, por algún rito budista, a lo que el monje les contestó, con algo de extrañeza, que ellos no acostumbraban esas prácticas, e incluso él no entendía eso que llamábamos «amor romántico» entre un hombre y una mujer, que él no lo había experimentado, porque desde niño había vivido en un monasterio, dedicado a las prácticas de meditación contemplativas. Fue tal la insistencia de la pareja, que el monje, luego de pensar un rato, les dijo: «Bien, sólo les puedo decir que muy pronto los dos se van a morir, no sabemos cuándo ni cómo, así que mientras llega ese momento, procuren tratarse bien».

Ahí estábamos, en la celebración de la boda de María

Asunción y Pablo Andrés, quienes se fueron de luna de miel a la Polinesia Francesa y Australia; a su regreso les esperaba un gran trabajo de decoración en su nueva casa al sur de la ciudad, pues recibieron una infinidad de regalos: éramos cerca de seiscientos cincuenta invitados, entre familiares y amigos, compartiendo con ellos en el Ex Convento de San Hipólito, donde se casaron Chantal Andere y Chespirititito.

Estuvo presente la plana mayor de Televisión Azteca: Pedro y Martha Cecilia Padilla, Mario y Olga San Román, Martín y Paty Luna, Guillermo y Julieta Alegret, Marcel y Rocío Vinay, Pablo Latapí y Ana María Buenfil, Francisco y Bibiana Borrego, Ulrich Richter y Claudia Ramírez, Sergio Sarmiento, Javier y Stephanie Arnau. Así como el equipo completo de comentaristas de deportes de la empresa: David Faitelson y su esposa Irene; André Marín, que llegó solo; Luis García, acompañado de Gabriela Alcalá, en aquel entonces la comentarista del tiempo del noticiero *Hechos A.M.;* Cristian Martinoli, Enrique Garay; Alejandro Lara, Rafael Puente, Leopoldo Díaz de León, Antonio Rosique, Juan Antonio Hernández, Emilio Alonso, Luis Manuel López, Leopoldo de la Rosa, y Ángel Díaz de León.

Los actores Chucho Ochoa y Rodrigo Murray estuvieron en la boda; ya formaban parte del equipo de José Ramón y trabajaban en el proyecto de las Olimpiadas en Grecia. Llegaron con Eugenia y Suneeta, sus esposas. Los Ochoa venían de haber estado veinte días en Argentina, trabajando en una serie de televisión sorprendidísimos de lo barato que estaba todo en aquel país.

La noche de la boda fue redonda, la cena deliciosa, nos divertimos de lo lindo. Gozamos a un José Ramón divertido y feliz, rodeado de toda su familia: su mamá, doña Adelina Álvarez, y sus hermanos Carlos, Luis, Pilar, Ana, Jesús y Lelis, y toda la parentela que llegaron de Puebla; sus hijos José Ramón, Juan Pablo y María Asunción, la mamá de sus hijos, que se veía radiante.

Todos nos desvelamos hasta el amanecer.

Detrás de
mi ventana

Un encuentro accidentado

Han sido ya varios los íconos de Televisa que han visitado el foro de *Ventaneando:* Jacobo Zabludovsky, Itatí Cantoral, Abraham Zabludovsky, Eugenio Derbez, Guillermo Ortega, entre otros. En marzo de 2003 tocó el turno a Héctor Suárez Gomís quien, tras veinticinco años de ser «exclusivo» de la empresa de Emilio Azcárraga, terminó su contrato y decidió que el primer programa de televisión que visitaría sería *Ventaneando.* Según sus propias palabras: «No hay actor en Televisa que no se muera de ganas de sentarse en ese sillón»; sin embargo, nunca nos hubiéramos imaginado la odisea en la que embarcaríamos al actor al invitarlo a viajar con nosotros a Michoacán, pues transmitiríamos desde allí.

«Bienvenido señor Gomís» fue el primer saludo del personal de seguridad al entrar por la puerta del estacionamiento de gerentes de TV Azteca para recibir, con gran sorpresa, al *Diseñador ambos sexos;* ya lo esperaba personal de la producción y la camioneta que lo trasladaría a Morelia junto con Pedro Sola, Mónica Garza y Daniel Bisogno. Del estuche de compactos de

Héctor surgió la música del trayecto, música electrónica en su mayoría, que Pedrito en su vida había escuchado, mientras Daniel le decía «Son cosas del demonio, Pedrito».

Apenas salieron de la ciudad, al «Muñeco» le dio hambre y decidió hacer una parada en las quesadillas de la Marquesa, que nada tienen que ver con la alimentación sana y baja en grasas que acostumbra Suárez Gomís, quien se limitó a observar, horrorizado, cómo Daniel desayunaba su consomé de barbacoa. Kilómetros adelante hicieron la segunda de varias «paradas técnicas» para que el invitado pasara al baño. La angustia de Pedrito era tanta por el retraso que me confesó que estuvo tentado a comprarle a Héctor un pañal.

A mitad del camino, el chofer tuvo a bien informarle a los pasajeros que se estaban quedando sin gasolina: ¿qué estaría más cerca, el primer retorno, la próxima gasolinera o Morelia? Seguro que Gomís no había hecho un coraje de tal magnitud desde que sacaron del aire, sin explicación, su programa. Además, parece ser que el chofer asignado para transportar al «talento» sabía de todo, menos manejar, manteniéndolos durante todo el camino «con el alma en un hilo» viendo desaparecer su bronceado perfecto hasta que pudo bajarse de la camioneta. La siguiente sorpresa reservada a nuestro invitado fue en la recepción del lujosísimo hotel, donde una *suite* debía esperarlo, pero por un error en la reservación tal *suite* no existía; afortunadamente, se resolvió de inmediato.

Al finalizar el programa, transmitido desde el estadio Morelos, casa del equipo de los Monarcas, quisimos agasajar a nuestro invitado en uno de los mejores restaurantes de la ciudad; para su desgracia, todo lo que ordenó llegó al revés y

Héctor Suárez, con su mejor sonrisa, terminó cenando un té de manzana.

Con tales eventualidades a cuestas, agotados y sin cara por la vergüenza, regresamos al hotel y, justo cuando Héctor caballerosamente ayudaba a la Garza a bajarse de la camioneta, se oyó un alarido de Bisogno, quien vio que ésta se iba de bajadita, pero sin el chofer adentro: se había bajado, dejando la palanca de velocidades en marcha y exponiendo, una vez más, la integridad física de nuestro invitado.

Dicen que el fin justifica los medios: estuvimos encantados de tener a Héctor Suárez Gomís en *Ventaneando*. En Morelia la gente le decía «Qué bueno que ya estás en TV Azteca», aunque eso no es un hecho; la verdad, a mí sí me gustaría verlo paseando más seguido por los pasillos de Azteca Digital.

Con Pepita Gomís

En marzo de 2003 recibí una llamada en mi oficina que me dejó reflexionando. Era Pepita Gomís —esa mujer menudita que fuera una bella y exitosa conductora de televisión en los años setenta, la incondicional mujer del actor Héctor Suárez alrededor de treinta años, hasta que la vida y las circunstancias los separaron—, para comentar y agradecer, entre sollozos, el capítulo dedicado a su hijo, Héctor Suárez Gomís, en el programa *Con un nudo en la garganta*.

Particularmente, este programa resultó entrañable y aleccionador, no sólo para quienes estuvimos involucrados en su realización, sino para muchos que, del otro lado de la pantalla, se sintieron cercanos al tema, identificados y, sobre todo, sorprendidos por las revelaciones del entrevistado en torno a su vida personal, familiar, nunca declaradas públicamente. Desde el primer minuto de la entrevista, su decisión de hablar sin titubeos, tapujos o culpas, y con un valor que sólo puede entenderse cuando se trata de darle aire a un grito contenido por mucho tiempo, me dejó perpleja, sobre todo al hablar del alcoholismo de su padre, Héctor Suárez, y los estragos que éste causó en su niñez y en la manera de relacionarse en la adultez. Las declaraciones de Suárez Gomís desataron opiniones encontradas entre el público y otros allegados del medio artístico: que si fue muy valiente, que si no se tocó el corazón con su padre, que si le declaró la guerra, que si no midió las consecuencias; lo cierto es que este joven no necesita —y ahora menos que nunca— ese tipo de publicidad. Cuarenta y cinco minutos de verdad deben haber aligerado el peso de quién sabe cuántos años de silencio. Las únicas consecuencias que realmente le preocupaban eran aquellas que pudieran afectar a su madre, a quien pidió permiso para contar su historia antes de conceder la entrevista, pues muchos capítulos serían de ambos.

Pepita Gomís, sin duda, ya está más allá de cualquier cosa que pueda ventilarse sobre lo que ocurría en la casa de San Ángel Inn, mas no se esperaba, según sus propias palabras, «descubrir un lado tan emotivo y vulnerable de su propio hijo, hasta entonces oculto para ella». Según su madre, Héctor, desde niño, fue muy hermético con sus cosas y sus sentimientos.

Tengo entendido que Gomís —como le dicen sus amigos— dejó la casa de sus padres muy joven y no en muy buenos términos, encerrándose, aún más, en sí mismo. Tal vez esta decisión repentina de abrirse a los cuatro vientos salde la deuda consigo mismo, quizás adquirida desde niño, trepado en el «árbol de las cinco garras». Tal vez, con el tiempo, este testimonio abra un camino que lo lleve a comunicarse con su padre. Lo que suceda de aquí en adelante entre Héctor Suárez Gomís y sus padres, entre él y su pasado, sus fantasmas y sus citas con el perdón, no sé si yo tenga la suerte de contarlo; pero se los comparto, porque mi reflexión se volcó en torno a la enorme satisfacción que deja, en nuestra calidad de comunicadores, cruzar esas fronteras yendo más allá de simplemente informar.

Hablando de ejercicio...

Mónica Garza estaba muy atareada en la preparación del lanzamiento de una nueva revista que pensaba dirigir; sería un semanario sobre espectáculos, y andaba tan de cabeza que apenas tenía tiempo de ir al gimnasio; me sorprendió saber que corre en banda diez kilómetros y se da tiempo para hacer meditaciones budistas de retrocognición y tonglen, todos los días, amén de hacer sus quehaceres cotidianos de *Ventaneando* y *Con un nudo en la garganta*.

En cambio, por Marianita, la entonces esposa de Bisogno, me enteré de que los fines de semana el jovencito se la pasaba trabajando y durmiendo. De ocho a doce del día está en *Tempranito;* llegaba a su casa a las 12:30 y se dormía, ella le velaba el sueño y, como buena ama de casa, preparaba la comida; lo despertaba para comer a las 3:30 para luego irse al teatro y regresar a la casa a la una de la madrugada. El domingo era el mismo cuento, así que de ejercicio ni hablamos, y la idea que le rondaba en la cabeza a Daniel de comprar una acción en el club Libanés de la avenida Toluca, donde están Plutarco Haza y Ludwika Paleta, Luis Uribe y José Ángel Llamas, era su sueño guajiro, a menos que se diera tiempo entre semana para hacer ejercicio, que buena falta le hace.

«New York, New York»

Cuando percibí en la mirada de Mónica Garza un destello que sólo se da cuando tu corazoncito late por alguien, supe que se estaba enamorando. Moni llegaba todos los días a la oficina con lo bonito subido a la cabeza; a su entusiasmo natural por la vida se le agregó un sonido como de cascabelito que anunciaba su presencia donde estuviera. Un buen día me confió:

—Estoy enamorada.

Como soy una cursi de hueso colorado grité de emoción, la felicité y me sentí como se deben de sentir las mamás que tienen hijas y ellas le platican de sus experiencias, pues yo tengo dos hijos varones y poco sé de sus asuntos de amor. Le dije:

—Bueno y qué sigue, cuándo y cómo damos la nota.

Ella, sin embargo, me dijo que no por el momento, así que me quedé como la Mujer Maravilla, dando vueltas en un tacón, mareándome a lo tonto, esperando que el asunto madurara lo necesario o concluyera, porque en cuestión de amores, todo puede suceder.

Al poco tiempo, Moni, Gloria Pérez Jácome, Luz Blanchet y yo coincidimos en el aeropuerto con Juan Manuel Bernal; Mónica se le aventó a los brazos y empezaron a contarse sus cuitas, pues son muy amigos. Y de pronto ella dijo:

—¿Sabes quién es mi novio? —en ese momento se me salieron los ojos, porque no daba crédito a lo que mis orejas escuchaban—: Mi novio es Héctor Suárez Gomís.

Ya después, la Garza se sinceró sobre su relación.

—Moniquita —sólo atiné a decirle—, esto no lo para nadie, se va a empezar a publicar, conste que tú lo dijiste.

Y así fue. A los medios no se nos va una y, al poco tiempo, la revista *TV y más* cachó a Moni y a Héctor en un evento y se hizo público lo que ellos querían mantener en privado. Yo no pude escribir, tenía que esperar a que Mónica regresara de París, adonde había ido a cubrir la gira de Tania Libertad, y me prometió sincerarse conmigo a su regreso para poder informar.

Total que después del aeropuerto volvimos a encontrarnos, junto con más personajes del espectáculo, en Nueva York; íbamos a trabajar y el poco tiempo que nos quedó libre, desde luego, lo utilizamos para ir de compras: Alan Tacher arrasó en las tiendas de ropita infantil para surtir a sus hijas y al nuevo bebé que esperaba; a Raúl, de *La Academia,* sólo le dio tiempo para entrar a una tienda de ropa y a la farmacia; qué tanto padecerá que llegó con dos bolsas bien repletas de vitaminas, minerales, proteínas y medicinas; Ingrid Coronado y Anette Michel salieron muy emperifolladas y en tacones a la calle, pero luego se compraron una chanclas para aguantar el paso y ya no les importó cómo lucían. Como cambió el clima, Ingrid, que salió en vestido vaporoso con tirantitos, se metió a Gap y salió disfrazada de deportista. Luz Blanchet sacó de su bolsa el paraguas y un chal, para atajar el frío, y terminamos todas en una zapatería; a Luz Blanchet se le fue la mirada detrás de una falda larga que remataba con picos y se compró dos iguales de diferente color. Anette, de plano, se declaró incompetente para combinar su arreglo personal; dice que entra a una tienda y compra todo lo que trae el maniquí, desde los zapatos, la ropa y hasta los accesorios: «No tengo gracia para combinar mi ropa, quisiera tener la habilidad de Ingrid y Mónica».

Los días oficiales de «Ventaneando»

En julio de 2003 regresamos de un viaje a Las Vegas, con un sabroso cansancio a cuestas, de esos que no duelen tanto porque es tal la satisfacción que se siente tras una misión cumplida, que vale más el logro sobre cualquier cansancio.

Muchas personas nos envidian porque creen que vamos de vacaciones y nos la pasamos de pachanga en pachanga. No les niego que nos divertimos como enanos cuando salimos de viaje, pero debo confesar que trabajamos y duro, no solamente en las transmisiones en vivo, pues, además, cubrimos un plan preconcebido en el que asistimos a una rueda de prensa, atendemos entrevistas personales, visitamos noticieros locales de tele o radio, tenemos sesiones de autógrafos y fotos con el público, cenamos con los socios de la local de Azteca América e incluso, en este caso, nos presentaron en un cóctel a los publicistas, anunciantes y ejecutivos de la productora Fox, empresa a la cual se asoció Azteca América.

Al mirar a distancia los inicios de *Ventaneando*, me doy cuenta de que sabía que tendría éxito; pero nunca pasó por mi cabeza los alcances logrados y, mucho menos, la expansión al exterior. Hoy me sigue sorprendiendo el entusiasmo que ocasiona en el público y el deseo de la gente por compensarnos.

En Las Vegas recibimos dos reconocimientos: el primero, del Comité Patriótico Mexicano de dicha ciudad, «por su gran labor en el programa televisivo que se ha convertido en uno de los más populares de la República Mexicana y que ahora, gracias a Azteca América, lo pueden disfrutar los hispanos en los Estados Unidos»; el segundo, del alcalde de Las Vegas quien, «en virtud de la autoridad que me dan las leyes del estado de Nevada... yo, Gary Reese *Mayor Protem from the city of Las Vegas,* proclamo los días 9, 10 y 11 de julio como los días oficiales de *Ventaneando* Azteca en Las Vegas, por ser el *show* de televisión latino más popular».

Fueron tres días intensísimos. La cercanía con el público, sus muestras de afecto, la necesidad que sienten de tener noticias de su México querido y la avidez con que reciben todo lo que llega de su tierra me conmovieron de tal manera que fui derechito a la cama y no de agotamiento, sino del sustazo que me dio conocer lo que provoca la tele.

Debo confesarles que disfruto mucho de mi trabajo; soy de carne y hueso, a veces me entrampo solita y me doy con todo para no gozar lo que vivo. Pocos entienden cuando digo que el manejo del éxito es de lo más complicado; mas por fortuna, sí es posible lograrlo.

No sé lo que sintieron mis compañeros, pero por su cara supongo que se sorprendieron tanto como yo cuando nos enteramos que durante nuestra presentación en vivo en el noticiero matutino de la Fox, en inglés, se registró el *share* más alto en la historia de los diez años del noticiero. Daniel Bisogno se quedó mudo un buen rato, a Mónica se le soltó el estómago y yo fui a dar al médico con tremenda migraña.

Constantemente me preguntan cómo se logra esto y mi respuesta es la misma: trabajando. Ahora agrego: trabajando en el lugar adecuado, haciendo lo que nos apasiona. En esto no hay magia ni llega del cielo por obra de ningún santo; la suerte empieza con los primeros rayos del sol y termina cuando el cansancio nos pide dormir para acumular energía y volver al día siguiente con el mismo entusiasmo, la misma pasión, de la mano con el talento e inteligencia propia.

En el caso de *Ventaneando* ha sido definitivo el pertenecer a una empresa como Televisión Azteca, donde trabajamos con libertad, donde encontramos el espacio ideal para realizar nuestras propuestas, donde siempre que se toca una puerta encontramos una respuesta, donde recibimos confianza por sentirnos en confianza, agregando a todo esto los talentos del productor Alexis Lippert, Rosario Murrieta, Iyari González, Chucho Cisneros, Laura Suárez, Susanita Heredia, Jorge Patiño, Miguel Ángel Gordoa, Jorge Nieto, Martha Ruiz, Pilar Chávez, Cecilia Miranda, Miguel Ángel Ramírez, Andrea Dada, más editores, asistentes de editores, monitoreo y personal técnico.

La Garza de viaje

En junio de 2003, la Garza por fin se fue de vacaciones después de haber cambiado, por lo menos seis veces, el destino de su viaje con todo y boleto comprado. Primero, se iba a un *spa* en San Francisco, California; luego decidió que se iba a la India a recorrer toda la región del Rajastán en un tren que simula el Expreso de Oriente; después cambió de idea y decidió que se iba con un grupo de su escuela de budismo a un viaje de prácticas de contemplación a Nepal, Bhután, y Sri Lanka, pero decidió que era demasiado tiempo ausente y, finalmente, optó por un viaje más convencional a Europa con una amiga.

En la oficina nos traía locos con la conversación. Si comentábamos sobre un masaje exótico nos decía que no, que el tema eran los textiles de la India y, de pronto, se nos aparecía envuelta en un *sari* diciéndonos que a lo mejor así conquistaba a un príncipe hindú o, de perdis, a un jeque árabe. Ella es de tal intensidad que, según el plan de viaje, llegaba a la oficina vestida según el destino momentáneo.

Total que partió a Londres, donde pasó varios días y visitó a algunos amigos: Chucho Merchand, el célebre bajista colombiano, muchos años músico de la cantante británica Annie Lenox y de los Jaguares en su gira Revolución; de ahí, planeó pasar casi una semana en Berlín, Alemania, que al parecer ahora es la capital de lo más vanguardista en arquitectura, artes plásticas y moda, por lo que ya se llevaba asegurados sus lugares en por lo menos dos pasarelas.

Al parecer, el viaje terminaría en Madrid, donde se iría de «marcha» con su amigo Heriberto Murrieta, que desde hace varios meses está viviendo allá cubriendo para varios medios mexicanos la fiesta brava española. Unos días antes de tomar el avión, se comunicó con él por teléfono y lo primero que escuchó fue tremenda gritiza de «oles»; justo en ese momento, el joven Murrieta entraba a una plaza de toros e iniciaba la corrida. Heriberto le comentó que pasaría por ella al aeropuerto, que su esposa estaba por viajar a México y que en la próxima semana él la alcanzaría.

Cualquiera estaría muy emocionado de hacer un viaje así, y Mónica lo estaba, aunque también algo angustiada pues, antes de irse me comentó que caía en la cuenta de que era la primera vez, desde que se divorció, hace cinco años, que dejaba a su hija tantos días y hacía un viaje largo, sola y soltera, sin hija, sin novio y sin compromisos de trabajo.

Para irse dieciocho días tuvo que trabajar más de lo normal, adelantando entrevistas para el programa *Con un nudo en la garganta,* colaboraciones para una nueva revista que saldría en octubre, dejar organizada su casa y arreglar todo lo necesario para que durante su ausencia a Matilda, su hijita, quien se mudaría durante ese tiempo a casa de su papá, no le faltara nada.

¡Ya volvió la Garza!

La Garza volvió de vacaciones después de pasar dieciocho días en Europa en compañía de su amiga Hilda Soriano, productora de *Hechos de Peluche,* muy contenta y ajuareada muy rara.

Como era de esperarse, con lo nuevo de la moda inglesa, modelitos que, de no ser por ella, se quedarían para siempre de muestra en el rac de la tienda.

Mónica me contó que se quedaron seis días en Londres, donde le dio un ataque de conjuntivitis y una gripa que logró mitigar con vitamina C y gotas de echinacea que consiguió en una tienda naturista. En su primer día de viaje, a Hilda la atacó una *punk* loca en el centro de Picadilly, que la tiró con tal fuerza que se lastimó la rodilla de la que justamente había sido operada ya en tres ocasiones, y aunque estuvo muy molesta el resto del viaje, la reina de los Peluches aguantó estoicamente las largas caminatas que les esperaban.

Según me contaron, el inicio del viaje fue un poco atropellado; sin embargo, no hubo museo, galería, restaurante ni tienda de modas en Londres que no fuera visitada por este par; a Mónica le entró una obsesión por los libros de arte que en el Museo Británico de Londres compró uno que pesaba cerca de ocho kilos. De ahí se fueron a Berlín, ciudad de la que la Garza dice haber quedado completamente enamorada. Estas dos, obsesionadas de la vanguardia, decidieron hospedarse en la parte más moderna de la ciudad, en la famosísima Postdamer Platze, y según la Garza, sólo faltaban los platillos voladores; el hotel donde se quedaron era tan moderno, que se tardaron más de media hora en entender cómo funcionaba su habitación «inteligente».

Mónica durante su estancia en Berlín tuvo el corazón en la mano; prácticamente todos los monumentos y museos tienen algo que recuerda los horrores que vivió la ciudad durante la Segunda Guerra Mundial y el Holocausto, tanto así que, cuando visitó el museo del Check Point Charlie (hasta 1989 la única caseta de frontera entre los dos Berlines que dividía el Muro, por donde miles de personas intentaron escapar de manera clandestina, la mayoría de ellas con un trágico final), se conmovió tanto por las fotografías y los videos que estalló en llanto en el momento menos esperado y optó por salirse del museo. Esto me sorprendió mucho, si algo no se le da muy seguido a la conductora de *Con un nudo en la garganta* es precisamente llorar ni que la vean llorar.

La última parada de mis compañeras en Europa fue la Madre Patria, Madrid, donde se acabó el recorrido cultural y lo único que hicieron fue pasearse por las calles de Serrano, Velázquez y Goya, centro de la moda española. También aprovecharon para irse de «marcha» con algunos amigos locales, entre ellos, Heriberto «el joven» Murrieta, a quien entre corrida y corrida la Garza secuestró dos veces: primero para irse de reventón y la segunda, como tenía que ser, para ir a comer a uno de los más tradicionales restaurantes taurinos de Madrid.

No se la pasaron nada mal, aunque creo que regresaron más cansadas de como se fueron, pero eso sí, muy relajaditas, estado físico y mental que sólo espero que le dure mucho tiempo a la hiperquinética de la Garza.

Pedro anda ¡tan nerviosito!

En julio de 2003 disfruté muchísimo ver a Pedro Sola como puberto con tenis nuevos, sólo le faltaba que el rostro se le cundiera de barritos o espinillas y llegara un día al programa con el cabello engomado y de puntas, todo porque estaba por subirse a un avión que lo llevaría a Londres, para luego abordar un barco y hacer un recorrido por el mar Báltico. Excuso decirles que no tenía otra plática que la de su viaje. Lo organizó con cuatro meses de anticipación. Él no veía la hora de gozarlo y nosotros de que se fuera para que cambiara su conversación.

¡Andaba tan nerviosito! Con decirles que empezó a somatizar sus ansias; él mismo decía: «Se me bajaron las defensas, por eso traigo este catarro desde hace dos semanas». Cuando no estaba estornudando, estaba sonándose la nariz o tosiendo. Hasta las costillas le dolían y ya empezaba con un reuma en la mano derecha que le corría del centro de la mano hacia el dedo medio; parecía tener pica pica en las pompas, no se estaba un segundo en paz. Les aseguro que al subirse al avión se le quitaron todos sus males.

No era para menos, estaba viviendo todas las emociones juntas; me decía: «Es como una ansiedad que es como alegría y nerviosismo al mismo tiempo provocado por el viaje mismo. Mira, voy a lo desconocido y dejo aquí a mi familia, me voy preocupado por mis hermanas y por mi casa». Pedro invitó al viaje a dos de sus tres sobrinos: Luciano, que es el hijo de su hermana Coral, que radica en Jalapa, y a Andrés, que es el hijo de su hermana Jazmín, que vive en Oaxaca. Sus sobrinos le decían que se calmara, que no tuviera miedo, pues hasta quería comprar unos *walkie talkies* para saber todo el tiempo dónde andaban en el barco, cuando sus sobrinos tienen dieciséis y veinticuatro años y como que ya se cuidan solos.

El viaje inició en Londres; dos días después tomaron un

crucero en Harwick que navegaría por el mar del norte rumbo al mar Báltico, visitando Oslo, Copenhague, Helsinki, San Petesburgo, Talín en Estonia y Estocolmo, para regresar a Inglaterra trece días después y de inmediato tomar un avión a Madrid, donde durante cuatro días visitaría a la familia de su papá, quien llegó a México huyendo del gobierno franquista; en Veracruz conoció a doña Eva, su mamá, y bueno, luego nacieron Pedro, Coral y Jazmín.

Pedro es tan precavido que pagó el viaje y llevó sus ahorros para los imprevistos. En cambio, la que no saldría a viajes largos en 2003 sería Mónica Garza, porque estaba ahorrando todo lo más que podía para comprarse un departamento en Polanco; había visto varios, y a la hora de cerrar el trato, algo pasaba que no lo lograba.

El castillo Bisogno-Zavala

Cuando llegué a la casa de Daniel Bisogno y Marianita, en noviembre de 2003, me dieron ganas de vestirme de Julieta, con un modelito estilo imperio de terciopelo con mangas largas y cucurucho en la cabeza, velo largo en la punta, y asomarme por una ventana para esperar a Romeo.

El castillo de los Bisogno-Zavala estaba encima del de Valentino Lanús y a un lado del de Demián Bichir; era como una aldea que irrumpe en una cañada frente a un bosque, con un paisaje poco común en la Ciudad de México. Con sobrada razón, Daniel no quería salir de su castillo; para fortuna de la pareja no era una casa cualquiera, se sentía calorcito de hogar.

Recuerdo cuando Daniel descubrió a Mariana de entre todas las jovencitas de la producción del programa *Tempranito* y le dijo lo que a él sólo se le puede ocurrir. Ella sucumbió a su original piropo. Mónica, Pedro y yo acompañamos a Daniel a comprar el anillo de compromiso y apoyamos al «Muñeco» para que durante una mención de palomitas en una emisión del programa *Ventaneando*, en vivo, le pidiera matrimonio a Mariana.

Casi tuve que hacerle manita de puerco a Daniel para que nos invitara a su casa. Por más que le mandaba directas e indirectas de que quería conocer su hogar dulce hogar, se hacía el disimulado y pretextos iban y venían, hasta que un día le puse un ultimátum: o nos invitaba, o nos invitaba; no le quedó de otra: llegó la tropa de *Ventaneando* a comer.

Estaba tan nervioso que me pidió el teléfono de José Luis Barreras (el chef consentido de mi familia y de la Garza y que cocina a las mil maravillas):

—Para no errarle Pati, con eso de que tú eres vegetariana y Enedina —así le dice a Moni— sólo come pez de río; con Pedro no hay bronca, come hasta piedras.

El «Muñeco» no contaba con que Marianita se daría la sentida del año y con ojo Remy le dijo:

—Yo voy a cocinar, ¿acaso no confías en mí?

El primer cuete fue coordinarnos a todos. Daniel insistió que fuera cena porque suele desvelarse, sólo que a Pedro no lo haces salir de noche porque se arropa a las ocho frente a la tele para ver las novelas; los lunes y los martes, Mónica no tiene quién le cuide a Matilda, y cuando nos pusimos de acuerdo que fuera una merienda en miércoles, se me atravesó la grabación de un programa, así que decidimos que fuera ese día, una comida a la una de la tarde. Alexis Lippert, nuestro productor, llegó de pisa y corre.

El interior del castillo de los Bisogno-Zavala refleja la personalidad de Daniel, sobre todo su tozudez: de que le gusta algo, quepa o no quepa, lo mete a tovo, como dice Margarita Isabel, y resulta que papá Monchi (el suegro) y mamá Elsi (la suegra) los llevaron con un artesano a Cuernavaca que hace unos muebles hermosos y Daniel compró todo el ajuar para el castillo, incluido un armario para colocar la tele de la recámara sin tomar medidas; no cupo por las escaleras y no hubo forma de meterlo más allá del primer piso y ahí lo dejó, en un minipasillo entre la estancia y la cocina por donde sólo pueden pasar los suspiros. Pedro le dijo que lo vendiera y Daniel le echó unos ojos de pistola que de tener balas hubiera caído muerto.

Marianita se lució en la cocina: nos sirvió una ensalada de jitomate y queso para empezar; como segundo, una crema de zanahoria en un pan de hogaza como plato, Mónica le aplaudió la idea y acto seguido nos dio una cátedra sobre el pan:

—¿Sabían que México es el país con más variedad de pan? Cuenta con cuatrocientas treinta variedades diferentes.

Pedro no se quedó atrás:

—A las conchas en Veracruz les dicen «envidiosas» y a las teleras, «michas»; en Guadalajara el birote es un bolillo salado.

Fue muy hermoso ver en aquel entonces a Daniel y Marianita embonados como pareja, con una miradita con la que se adivinaban el pensamiento. Se notaba que se mimaban y complacían. Sus ojitos los delataban: se amaban...

Atala Sarmiento

Cuando inició el programa *En medio del espectáculo* en Televisión Azteca, los reporteros que se encargaban de recabar la información eran cinco jóvenes recién saliditos del horno de la carrera de comunicación. Sin tener conciencia, decidieron tomar el camino más accidentado, porque en ese momento nadie en el medio artístico aceptaba dar entrevistas a la nueva televisora. Entre estos jóvenes aguerridos y retadores se encontraba Atala Sarmiento, jovencita, de rostro angelical, elocuente pero sobre todo muy simpática. Me enteré además de que en la universidad era la típica niña de diez, aplicada en el trabajo y muy disciplinada, lo que en suma la hacía la candidata ideal para convertirse en una buena conductora.

Atala se encargaba en sus inicios de cubrir la fuente de teatro. No había estreno o develación de placa donde no estuviera con su cubo de TV Azteca, insistiendo una y otra vez a los mismos actores que se negaban a darle una entrevista, pero carilinda y todo nunca se amedrentó ante el rechazo; por el contrario, se crecía al reto, lo que pronto le ganó el respeto, el cariño y muy buenas entrevistas exclusivas para TV Azteca con los actores más reconocidos.

En menos tiempo del que ella se hubiera imaginado, Atala quedó como titular del programa *En medio del espectáculo,* y ahí empezó a desarrollar su estilo ágil, desenfadado y con una vena cómica que fuimos descubriendo a través de sus sorprendentes imitaciones de los famosos. Y lo más importante, representaba a una generación que se identificaba particularmente con ella, lo que resulta una gran ventaja si se trata de un programa de televisión.

Así, Atala Sarmiento comenzaba a desarrollarse como uno de los nuevos rostros de la pantalla chica; pero fuera de ella vivía una vida de lo más normal. La realidad es que no se involucraba demasiado en el mundo del espectáculo; no era la típica joven que le gustara asistir a las fiestas de los famosos como parte de ellos, ni que se involucrara en rumores por tener un romance con algún actor, lo cual hubiera sido de lo más normal. Atala proviene de una familia muy tradicional española, cuyo padre la había educado, a ella y a sus hermanos, dentro del pensamiento de una izquierda liberal. Así que ella veía esto del espectáculo como un trabajo y no como parte de su foma de vida.

Pronto, como cualquier joven de su edad, Atala se enamoró de un muchacho muy formal que nada tenía que ver con la televisión, pero que no sólo respetaba su trabajo y los complicados horarios que éste implicaba, sino que la apoyaba y siempre la acompañaba a cuanto evento tuviera que cubrir. Así que para nadie fue una sorpresa que un día a sus veintiséis años de edad llegara a la oficina con un flamante anillo de compromiso que la llenó de ilusiones desde ese momento hasta el día de la boda.

Pero como elegir es renunciar, Atala pronto tuvo que dejar la conducción de *En medio del espectáculo* y a Televisión Azteca para seguir a su marido. Por razones de trabajo éste debía mudarse a vivir a los Estados Unidos. Atala no lo dudó ni un momento, tenía muy claro que lo más importante para ella era la nueva familia que estaba formando, así que sin voltear la vista atrás hizo sus maletas y se fue. Se instalaron en Houston, Texas, donde Atala no tardó en conseguir un buen trabajo en la cadena Telemundo, aunque se trataba de algo completamente diferente a lo que había hecho hasta ese momento: daría el estado del tiempo en el noticiero de la mañana, una sección que se convirtió en un éxito porque le imprimió su estilo desenfadado y jocoso, su carisma y vocación de reportera.

Pronto Atala dejó los reportes del clima para quedarse como titular del noticiero estelar de Telemundo en Houston. El salto fue de la tierra al cielo en términos de responsabilidad. Ahora tenía que demostrar que además de ser simpática, con un gran sentido del humor y con gran capacidad de improvisación, también podía tener credibilidad en temas politicos y sociales. Todo un reto para alguien que había comenzado como reportera de espectáculos.

Pero no todo era miel sobre hojuelas en la vida de Atala, en medio de todo esto perdió un bebé y eso no sólo la sumió en una profunda tristeza, sino en una obsesión por embarazarse, lo cual nunca volvió a suceder. Yo en ningún momento perdí comunicación con ella; cada vez que tenía oportunidad, ya fuera por trabajo o por placer, la visitaba en Houston y luego de su aborto involuntario comencé a darme cuenta de que algo no iba bien entre su marido y ella, pero siempre pensé que se trataba del reacomodo natural que como joven pareja debían de enfrentar luego de la dolorosa experiencia. Sin embargo, una mañana recibí en mi oficina una llamada de Atala que me decía: «Pati, estoy en México, ¿te puedo ver?»

Al día siguiente ya estábamos sentadas en un café, y la historia que Atala me estaba contando, por el gran cariño que le tengo, me llenó de frustración e impotencia. De sopetón me di cuenta de que la que yo creía, con toda tranquilidad, que llevaba una vida protegida y segura, estaba escapando de una historia de mucho, mucho dolor.

Ni por un segundo dudé en recibirla de nuevo en mi área en Televisión Azteca y he de confesar que su llegada me resultó por demás oportuna, porque era el momento de ponerle un «estáte quieto» a los demás conductores de *Ventaneando*, que de pronto empezaban a dormirse en sus laureles y a caer en estrellismos estériles. Había que poner un límite ya, y la inclusión sorpresiva de Atala en *Ventaneando* fue el vehículo perfecto para dejar claro el mensaje que yo quería transmitirles en vivo y a todo color: todos somos sustituibles, el éxito de un programa, en este caso el de *Ventaneando,* no depende de nadie en particular. La televisión es, como ningún otro medio, una oportunidad de poner a prueba diariamente nuestros talentos, pero también nuestra capacidad de trabajo en equipo: un programa no sería posibe sin el enorme conjunto de personas que en perfecta sincronía lo arman de principio a fin, sólo que esta verdad de a kilo se le olvida sobre todo a la gente que aparece a cuadro. Con gran frecuencia, me decepciona descubrir cómo de pronto todo mundo se siente indispensable, insustituible, indestructible.

Por su enorme penetración, la televisión ataca directamente a nuestro ego y este encandilado nos juega bromas pesadas, nos confunde y marea. No son pocas las ocasiones en que me he visto obligada a tomar medidas extremas para apaciguar los sueños guajiros y de grandeza de mi equipo, y créanme, la labor es extenuante, quizás una de las cosas más difíciles con las que me he topado a mi paso por TV Azteca. A su regreso al redil de espectáculos, Atala compartió conmigo una de tantas batallas contra esa soberbia perniciosa, y aunque su posición era verdaderamente incómoda y difícil, aguantó como los machos. Creo que el mensaje quedó claro.

«Mujer…es»

El 8 de marzo de 2004 se celebró, como cada año, el Día Internacional de la Mujer, motivo por el cual realicé un programa especial titulado «Mujer..es» que se transmitió un sábado por la noche en Azteca 13.

El motor y objetivo de esta producción era mostrar el lado positivo y generoso de ser mujer, nuestra condición en el siglo XXI, avances y lugares que ya hemos ganado en todos los ámbitos, porque para hablar de las frustraciones o limitaciones de nuestro género, ya existen demasiados espacios que lo hacen, justamente, cada 8 de marzo, que más que un día para celebrar me parece que muchas lo convierten en el muro de sus lamentaciones.

Al foro invité a cuatro mujeres de distintos ámbitos profesionales, ensalada que resultó muy enriquecedora: Marta Sahagún de Fox, Angélica Aragón, Ana María Olabuenaga y la primer árbitro mexicana, Virgina Tovar.

La presencia más polémica fue la de Marta Sahagún de Fox: para muchos resultó un gran acierto, porque digan lo que digan y hagan lo que hagan, a donde va Marta gira las miradas en su dirección; para otros, nuestra Primera Dama no es el ejemplo de mujer que las mexicanas aspiran alcanzar; pero lo que nadie puede negar es que esta mujer, con razón o sin ella, con sólo insinuar que quería ser la presidenta de México puso a este país de machos de cabeza.

Angélica Aragón llegó puntualísima al llamado. Esta extraordinaria actriz, con una enorme cultura, es una incansable y sana activista de lo femenino que, en los últimos años, a través de la ficción, con su telenovela *Mirada de mujer,* se ha convertido en el ícono de la que se atreve a vivir, a sentir y a ser feliz.

Ana María Olabuenaga, reconocida y multipremiada publicista, creó la campaña «Soy totalmente Palacio», y hoy los políticos de «hasta arriba» se pelean para que les vaya ideando sus campañas; de hecho, pensamos que sería la más difícil de convencer; sin embargo, fue la primera en llegar a las instalaciones de Televisión Azteca.

La cuarta, no menos exitosa, aunque bastante menos puntual, fue nuestra querida primer árbitro profesional Virginia Tovar. Con la simpleza que la caracteriza, llegó al foro una hora más tarde de lo previsto pues venía de Guadalajara en el primer vuelo, pero lo perdió; el siguiente avión también lo perdió y, con mucha suerte, logró subirse al tercer avión de la mañana, lo que puso a nuestra producción a sudar la gota gorda, hasta que lograron rescatarla del tráfico del aeropuerto al foro y sentarla en su silla del programa.

La verdad es que pudimos haber empezado y realizar el programa sin ella, ya que Marta de Fox llegó puntualísima a la cita y, como siempre, con una agenda muy apretada; para sorpresa de todos, fue ella la que dijo:

—Si Vicky ya viene en camino, a mí no me importa esperarla.

En un acto de verdadera sencillez Marta hizo a un lado los formalismos y nos dio una lección de paciencia; la espera fue de más de una hora, retrasando el arranque de la grabación. «Tarjeta amarilla», en términos futboleros.

Mujeres exitosas, trabajadoras, madres de familia, todas han atendido desde que se acuerdan casa, hijos y profesión simultáneamente, al igual que millones de mujeres en el mundo. Mujeres con un especial común denominador que miden su éxito, personal y profesional, basándose en encontrarse bien en su piel, no en ganarle la competencia a ningún hombre.

ÍNDICE

La Indiscreta de Pati Chapoy

Se terminó de imprimir
en octubre del 2006 en
Litográfica Ingramex, S.A. de C.V.
Centeno 162-1. Col. Granjas Esmeralda